CB141275

MÁRIO GAZIN

O HOMEM MAIS FELIZ DA ESTRADA

por ELIAS AWAD

MÁRIO GAZIN

O HOMEM MAIS FELIZ DA ESTRADA

Na estrada da vida, o fundador do Grupo Gazin, que completa um ciclo de 60 anos, tem como propósito gerar valor, riqueza e oportunidades.

ns

São Paulo, 2025

MÁRIO GAZIN - O HOMEM MAIS FELIZ DA ESTRADA

Copyright © 2025 by Elias Awad
Copyright © 2025 by Novo Século Ltda.

EDITOR: Luiz Vasconcelos
GERENTE EDITORIAL: Marcelo Siqueira
COORDENAÇÃO EDITORIAL: Silvia Segóvia
PREPARAÇÃO: Debora Capella
REVISÃO: Marsely De Marco
Silvia Segóvia
CAPA E PROJETO GRÁFICO: Lumiar Design
TRANSCRIÇÕES: Marcelo Romano

Texto de acordo com as normas do Novo Acordo Ortográfico da Língua Portuguesa (1990), em vigor desde 1º de janeiro de 2009.

Dados Internacionais de Catalogação na Publicação (cip)
Angélica Ilacqua CRB-8/7057

Awad, Elias
Mário Gazin : o homem mais feliz da estrada : na estrada da vida, o fundador do Grupo Gazin, que completa um ciclo de 60 anos, tem como propósito gerar valor, riqueza e oportunidades / Elias Awad. -- Barueri, SP : Novo Século Editora, 2025.

248 p.: 16x23 cm color

ISBN 978-85-428-1953-3

1. Empresários - Brasil - Narrativas pessoais 2. Gazin, Mário - Biografia 3. Grupo Gazin – História 4. Sucesso nos negócios I. Título

25-4653 CDD 926.58

Índice para catálogo sistemático:
1. Empresários - Brasil - Narrativas pessoais

Uma marca do Grupo Novo Século

Alameda Araguaia, 2190 – Bloco A – 11º andar – Conjunto 1111
cep 06455-000 – Alphaville Industrial, Barueri – sp – Brasil
Tel.: (11) 3699-7107 | E-mail: atendimento@gruponovoseculo.com.br
www.gruponovoseculo.com.br

Pessoas inteligentes gostam de ganhar livros!

Dedico este livro a você, ...

Esta é uma história de vida real.
Precisamos deixar nossas marcas, nossas pegadas na estrada em que transitamos, para criar seguidores.
São pessoas que, tirando boas lições daquilo que vivemos, não sofrerão tanto quanto nós.
Na sua vida, busque ser um seguidor do seu pai, e não um herdeiro.
Esteja sempre muito bem-preparado e use a sua inteligência e criatividade como diferenciais.

Que Deus o abençoe!

MÁRIO GAZIN

SUMÁRIO

PREFÁCIO

MÁRIO GAZIN É UM LÍDER ANTIFRÁCIL

CONHEÇO MÁRIO GAZIN há décadas. Já tive o prazer de comer sua macarronada em Douradina (PR), sede da Gazin. Quase todos os anos eu encontrava o Mário com um grupo de seus colaboradores em eventos de formação empresarial em São Paulo. Ele sempre trouxe seus campeões para se aperfeiçoarem com os melhores consultores do mundo, eventos caros e seletos, mostrando a sua visão de que o valor da formação e do desenvolvimento não tem preço e que qualquer empresa é feita por seus colaboradores fiéis à cultura da empresa e cumpridores de metas – há muitos anos impressas nas peças íntimas com que presenteia e distribui para seus colaboradores, além de lenços, aventais de cozinha, entre outros.

> *Sem dúvida, o mês de dezembro, assim como alguns outros, é especial para o varejo, que tem suas vendas intensificadas pelo Natal e pelo Ano Novo.*
> *Mas logo que vira o ano, em janeiro, as atenções varejistas se voltam para Nova York, nos Estados Unidos, onde anualmente acontece a*

NRF Big Show, ou NRF (Retail's Big Show), o maior e principal evento mundial do setor, que reúne mais de mil expositores e 40 mil participantes.
Há muitos anos eu e um grande número de funcionários da Gazin participamos e nos reunimos com os maiores e mais destacados varejistas do mundo.

Tive o prazer de entrevistar Mário Gazin quando comandei o *Show Business* na TV Band e participei de várias convenções da Gazin durante esses anos todos.

Tendo como pano de fundo a música *My Way*, este livro, escrito por Elias Awad, um dos mais competentes biógrafos da atualidade, mostra, mais uma vez, a alma e a calma, o caráter e o foco de Mário Gazin.

Nesta leitura agradável, que prende do começo ao fim, o leitor vai conhecer os caminhos percorridos por esse grande empresário, símbolo do empreendedorismo brasileiro. Com garra, simplicidade e foco, ele construiu um império no varejo, na indústria, no agronegócio e no setor de serviços financeiros através do sistema de consórcios, seguros e outros produtos financeiros, indo servir o Brasil onde muitos não veem charme – o nosso grande interior, o Brasil profundo, onde as coisas realmente acontecem, onde as palavras-chave são trabalho e simplicidade.

São raras as cidades do nosso interior onde a marca Gazin não esteja presente.

> *Temos nosso Banco Digital Gazin, ou Gazin Bank. [...] Temos mais de 450 unidades entre lojas e negócios, e nosso banco digital está em cada uma delas. O cliente da loja que adere ao Gazin Bank ganha uma porção de vantagens: tem dinheiro na mão disponível pelo app, seguro, consórcio, entre outros.*

Ajudando pessoas e cidades, Mário Gazin fez e faz muito pelo Brasil. Em seu "Comitê do Mário Gazin", ele sempre recebe gente do Brasil todo pedindo-lhe a intercessão junto às autoridades para pavimentação de estradas, iluminação, tratamento de água e esgoto e um sem-fim de pedidos e demandas.

Mas o que sempre me chamou a atenção no Mário Gazin – e certamente chamará a atenção do leitor – é que tudo para ele é mensurável, tudo é baseado em números. Não há nada abstrato. A medida de que tudo anda muito bem com a Gazin é ter no máximo em torno de vinte caminhões no pátio de sua matriz em Douradina, que tem hoje por volta de 9.500 habitantes, sendo mais de 2 mil funcionários diretos da Gazin. Considerando a média das famílias, o leitor logo entenderá que, ao somarmos empregos indiretos, bem mais da metade da população dessa cidade do Paraná vive das atividades da Gazin.

Mário Gazin é um líder antifrágil mesmo antes de esse conceito ser explicitado por Nassim Taleb em seu livro *Antifrágil*. Ele e a Gazin não são apenas resilientes, que superam as crises e voltam ao seu estado pré-crise. São antifrágeis; isto é, saem sempre melhores depois das crises, crescem na adversidade, usam as adversidades para aprender e evoluir ainda mais.

Um exemplo dessa antifragilidade da Gazin foi claramente exposto na pandemia de covid-19.

> *Também a pandemia provocou significativas mudanças no varejo. Alguns dos nossos gerentes relatam que 60% das vendas estão sendo feitas pelo WhatsApp dentro das lojas! O movimento físico caiu, mas as metas continuam a ser batidas pelos diversos canais de vendas.* [...] *Todos esses negócios envolvem liberação de crédito, e a inteligência artificial (IA) é uma grande aliada na implantação de tecnologias com este objetivo. É o presente e o futuro. O novo "petróleo" são os dados, e o maior desafio é saber fazer a melhor leitura deles.*

Em vez de se abater na pandemia, a Gazin cresceu, incorporou inteligência artificial, usou novas tecnologias, em contraponto a inúmeras empresas, principalmente no varejo, que fecharam suas portas e faliram.

O leitor também verá nesta leitura histórias de pessoas simples em quem Mário Gazin sempre confiou, e essa postura de "nadar contra a corrente" ficará como marca forte da Gazin. Numa era em que todos os consultores e gurus defendem a terceirização da frota, Mário Gazin nunca acreditou nesse conceito. Em vez de terceirizar, criou a Gazin Log, empresa rentável que tem uma frota de oitocentos caminhões, com renovação periódica de frota que a mantém sempre atual.

Paro por aqui este prefácio que tenho a honra de escrever. São tantos os aspectos essenciais que o leitor irá saborear (verbo que vem de "saber") neste livro que se eu fosse destacar todos, faria um prefácio como o de Rui Barbosa em *O Papa e o Concílio*, de 1877, que é quase maior que o livro: 260 páginas.

Termino este prefácio com a citação do próprio Mário Gazin:

> *Por que eu sou o homem mais feliz da estrada? Porque eu vivi cada trecho dela intensamente. Eu aprendi, me diverti, tive medo, errei, passei apuros, trabalhei muito, realizei meus sonhos e ajudei tanta gente a realizar os deles também… tudo que nós vivemos naturalmente na estrada da vida.*

Recomendo, pois, insistentemente, a leitura desta obra.

PROFESSOR LUIZ MARINS
Antropólogo, escritor e consultor empresarial

ABERTURA

MÁRIO GAZIN

My Way...

O HOMEM MAIS FELIZ DA ESTRADA! O título deste livro reflete exatamente aquilo que eu sinto quando começo a relembrar cada centímetro, cada metro, cada quilômetro desde o início até o ponto em que cheguei da estrada pela qual ainda pretendo percorrer por bastante tempo.

Na minha biografia – *Mário Gazin: a história do menino pobre que mudou uma região e fundou um dos principais grupos empresariais e redes de varejo do Brasil*, que está na terceira edição –, já foi contado que nasci em 16 de novembro de 1949 e tivemos uma origem humilde. Entre a infância e a adolescência, fui sapateiro, padeiro, garçom, trabalhei numa cerealista e numa loja de móveis, até que, pouco antes de completar 17 anos, o dono não tinha ninguém para assumir a gerência e me ofereceu o negócio.

Conversei com meu pai e o convenci a dar o carro dele (um jipe) como parte de pagamento, e compramos a loja. Inauguramos quando eu já tinha 17 anos, em 13 de dezembro de 1966.

A partir daí, a estrada passou a ser diferente e foi mudando o *status* de municipal para estadual, depois federal e, de alguma forma, estamos no caminho de consolidar cada vez mais nosso trajeto pela América Latina.

Eu e a Gazin fomos percorrendo a nossa estrada e nunca mais paramos. Mas uma dica que dou é: temos que deixar placas sinalizadoras por onde passamos, para que aqueles que venham depois de nós possam receber alertas e fazer uma viagem mais segura e tranquila.

Ou seja, à medida que vamos ganhando experiência, compartilhamos com as pessoas os nossos erros e acertos, os nossos aprendizados.

Assim, nessa estrada deixamos placas e sinalizamos alguns alertas de onde há perigo: buracos, animais na pista, lombadas, ultrapassagens proibidas... E também avisos de que a pista está segura: é bem-conservada, permite ultrapassagens e velocidade mais alta...

Em algumas partes da estrada sem sinalização, como eu me deparei em diversas vezes, vale parar e pedir orientação – o que nessa metáfora pode ser entendido como consultar amigos, mentores, outros empresários, pessoas mais experientes, consultores, entre outros.

Mas o que realmente me inspirou e motivou a registrar mais uma parte das minhas experiências neste livro foi conhecer a tradução de uma música que eu aprecio bastante: *My Way* (Meu caminho), composta pelo francês Jacques Revaux e que, antes de ter esse título, chamava-se *For Me* (Para mim). Depois, pelas mãos do compositor Paul Anka, ganhou adaptações na letra, apresentando um balanço sobre a vida de alguém.

As interpretações são diversas: Nina Simone, Elvis Presley, Julio Iglesias... mas quem a tornou mundialmente famosa foi Frank Sinatra.

Meu caminho... um balanço sobre a vida... Entendi que era hora de compartilhar isso, até para atender a pedidos de pessoas próximas e dos meus filhos amados, que queriam conhecer mais detalhes da minha história de vida. Gostei da ideia!

A música tem algumas frases que inspiram a querer contar a própria história: "*Vou expor meu caso, do qual tenho certeza... Vivi uma vida plena... Percorri todas as estradas... Arrependimentos, tive alguns... Enfrentei tudo e me mantive firme... Eu amei, ri e chorei... E fiz do meu jeito... Sim, foi do meu jeito*".

A constituição de uma rodovia depende de três fases essenciais: planejamento, projeto e, finalmente, a construção. Acredito que, na nossa trajetória (vida e carreira), essas três fases também são importantes: planejar, ter um projeto de vida e realizar.

Muitos pecam justamente no ponto inicial: planejar! Iniciam suas atividades e carreiras sem ao menos planejar. Particularmente, também comecei assim, abrindo filiais sem planejar, mas eu e meus irmãos fizemos um acerto de rota ainda no início da Gazin, e planejar passou a ser a nossa palavra de ordem.

Já o nosso projeto de vida sempre foi buscar fazer do jeito certo, sem preocupação em ser a maior, mas sim a melhor nas nossas atividades. Perseguimos isso desde que a Gazin nasceu. Ser a melhor empresa se tornou nosso mantra! Acredito que estamos na estrada certa nesse sentido, tanto que sempre nos posicionamos entre as melhores empresas para se trabalhar no Brasil e na América Latina em várias categorias.

E, por fim, quando temos um bom planejamento (o roteiro que traçaremos na estrada) e o projeto de vida (aonde e como queremos chegar), partimos para a realização, fase representada efetivamente por percorrer o trajeto!

Então, convido você a conhecer *My Way*, o meu caminho. Um caminho no qual, conforme a letra: "*Eu amei, ri e chorei...*". Um caminho no qual, conforme as últimas duas frases da música: "*E fiz do meu jeito... / Sim, foi do meu jeito*".

MÁRIO GAZIN
Fundador do Grupo Gazin

ABERTURA

ELIAS AWAD

Caro leitor,

INICIO AQUI COM O REGISTRO da grande honra que tenho e do meu agradecimento ao empresário Mário Gazin, que me escolheu para ser seu biógrafo e o escritor do registro do legado dele.

Um legado tão rico e vasto que, mesmo a biografia *Mário Gazin: a história do menino pobre que mudou uma região e fundou um dos principais grupos empresariais e redes de varejo do Brasil*, tendo mais de quinhentas páginas, ainda utilizei a experiência pessoal e profissional do senhor Mário, assim como a performance do Grupo Gazin, para escrever outras obras: *Sucessão, Decisiva e Necessária*, *Cultura Organizacional Gazin*, *A roda gigante da vida* e, agora, nosso quinto livro, intitulado *Mário Gazin – O homem mais feliz da estrada.*

É incrível como, mesmo conhecendo tão bem o ser humano e o empresário Mário Gazin, ele ainda consegue surpreender, ensinar e causar grandes reflexões a mim e a quem cultiva um convívio próximo dele.

Certamente, mesmo quem não o conhece pessoalmente "bebe" da cultura, dos valores e dos conceitos do Mário Gazin, seja por meio das pessoas que citam seu nome e passagens importantes da vida do empresário, ou mesmo da leitura de um dos livros que escrevi e que retrata, sob diferentes ângulos, quem é Mário Gazin, como ele pensa, quais são seus valores e o que pratica.

Entre tantos grandes empreendedores brasileiros, Mário Gazin foi mais um que, infelizmente, precisou se afastar dos bancos escolares e da oportunidade de estudar em virtude da necessidade de trabalhar e ganhar dinheiro para ajudar nas despesas da família.

Diz o ditado que "Deus escreve certo por linhas tortas". Claro, entendemos o sentido da frase: que Deus sempre nos reserva algo especial, um plano exclusivo, mesmo quando vivemos em meio às adversidades. Mas, na verdade, Deus escreve sempre certo, independentemente da posição da linha! Obviamente, você também entendeu o sentido da frase!

Pois o mesmo Mário Gazin que não teve condições de estudar na infância e na adolescência, de cursar uma faculdade, não baixou a guarda!

Depois de já estar bem estabelecido como empresário, cursou Administração de Empresas na condição de ouvinte e, com investimento pessoal ou feito pelo Grupo Gazin, bancou os estudos em todos os níveis de milhares de pessoas. Aliás, como o senhor Mário sempre diz: "Não basta receber o conhecimento, é preciso multiplicá-lo. Receber a informação, processar e devolver para a sociedade".

São médicos, economistas, engenheiros, advogados, administradores de empresas, profissionais de Tecnologia da

Informação (TI), economistas, dentistas... pós-graduados, mestres e doutores em diversas áreas.

Deus escreve mesmo certo! Se Mário Gazin não pôde estudar, deu a ele o gosto pela leitura, tornou-o um leitor voraz de cultura elástica e eclética e o transformou em patrono de milhares de profissionais.

Esse é um trecho da história do livro *O homem mais feliz da estrada*.

Sente-se então no banco do passageiro ou acompanhante, porque Mário Gazin está, como sempre, com grande disposição de contar a você cada trecho percorrido, cada lombada, problema mecânico, buraco, pneu furado ou erro de trajeto, mas também lindas paisagens, encontros com pessoas especiais, grandes conquistas e realizações desse importante trajeto.

Uma história de resiliência, alguns erros e muitos acertos, geração de riqueza, inspiração, motivação e transformação para o próprio Mário Gazin e, em especial, para todos nós.

Uma história que muitos podem chamar de grande sucesso, mas, para não levar bronca do senhor Mário, eu vou chamar de uma **História de Grande Valor**!

Coloque o cinto de segurança, pois a viagem com *O homem mais feliz da estrada* vai começar!

Boa leitura!

ELIAS AWAD

Escritor, biógrafo e palestrante

INTRODUÇÃO

ORGULHO DO OLHAR SAUDOSISTA

ACREDITO QUE COM 12 ANOS eu comecei a descobrir o mundo. Certamente, você também passou por essa descoberta, que é uma sensação maravilhosa!

Naquele período eu nem pensava sobre o assunto, muito menos tinha condições de viajar para outro país. Agora, como empresário bem-sucedido, posso fazê-lo quando e para onde quiser.

Certa vez, fizeram uma pergunta que mexeu com as minhas emoções:

— Mário, quando você está viajando pelo mundo, em Paris, Lisboa, Roma... Você se lembra das dificuldades que teve no passado?

— Claro que eu me recordo! Não são lembranças fáceis. Eu percebo que a geração de hoje nem de longe passa pelos apuros que vivíamos naqueles tempos. Mas, às vezes, eu me divirto com aquelas lembranças — respondi, já com os olhos marejados.

E foi justamente ao ouvir a música *My Way* e conhecer a sua tradução, que passei a recordar o passado.

Meu jeito – ***My Way***

E agora, o fim está próximo – *And now, the end is near*
E então eu encaro o último ato – *And so I face the final curtain*
Meu amigo, vou falar claramente – *My friend, I'll say it clear*
Vou expor meu caso, do qual estou certo – *I'll state my case, of which I'm certain*
Eu vivi uma vida completa – *I've lived a life that's full*
Eu viajei por toda e qualquer estrada – *I travelled each and every highway*
E mais, muito mais que isso – *And more, much more than this*
Eu fiz do meu jeito – *I did it my way*
Arrependimentos, tive alguns – *Regrets, I've had a few*
Mas muito poucos para citar – *But then again, too few to mention*
Eu fiz o que tive que fazer – *I did what I had to do*
E continuei fazendo sem isenção – *And saw it through without exemption*
Eu planejei cada curso traçado – *I planned each charted course*
Cada passo cuidadoso ao longo da trilha – *Each careful step along the byway*
E mais, muito mais que isso – *And more, much more than this*
Eu fiz do meu jeito – *I did it my way*
Sim, houve momentos – *Yes, there were times*

Tenho certeza de que você soube – *I'm sure you knew*
Quando eu dei um passo – *When I bit off*
Maior do que a perna – *More than I could chew*
Mas apesar das dificuldades – *But through it all*
Quando havia dúvida – *When there was doubt*
Eu acabava com ela – *I ate it up and spit it out*
Enfrentei tudo e me mantive firme – *I faced it all and I stood tall*
E fiz do meu jeito – *And did it my way*
Eu amei, ri e chorei – *I've loved, I've laughed and cried*
Tive minhas conquistas, minha parte de perdas – *I've had my fill, my share of losing*
E agora, enquanto as lágrimas diminuem – *And now, as tears subside*
Eu acho tudo isso tão divertido – *I find it all so amusing*
E pensar que fiz tudo aquilo – *To think I did all that*
E posso dizer, não de uma maneira tímida – *And may I say, not in a shy way*
Oh não, oh não, não eu – *Oh, no, oh, no, not me*
Eu fiz do meu jeito – *I did it my way*
Pois o que é um homem, o que ele tem? – *For what is a man, what has he got?*
Se não a si mesmo, não tem nada – *If not himself, then he has naught*
Para dizer o que realmente sente – *To say the things he truly feels*
E não as palavras de quem se ajoelha – *And not the words of one who kneels*

> As lembranças mostram, eu tomei alguns golpes – *The record shows I took the blows*
> E fiz do meu jeito – *And did it my way*
> Sim, foi do meu jeito – *Yes, it was my way*

O que me motivou a compartilhar parte daquilo que tenho vivido neste livro foi justamente a música *My Way*, sucesso imortalizado na voz de Frank Sinatra. A cada frase, minha identificação com a letra se faz mais forte. Inicialmente, a letra de origem francesa retratava um casamento em crise, mas Paul Anka a reescreveu, para que Frank Sinatra a gravasse.

O novo conceito da letra explora aspectos como autenticidade e autonomia perante desafios opostos: o da vida e o da morte.

A frase "E fiz do meu jeito" decididamente me conquistou, porque durante toda a minha vida busquei melhorar, aprender, evoluir, empreender e fazer do meu jeito. E quem segue esse caminho, quando recorda o passado, se dá por realizado, pois foi fiel aos seus instintos e valores.

Claro, dentro desse ato de reviver a vida, me deparei com erros e arrependimentos, como na parte da letra que diz: "*Regrets, I've had a few / But then again, too few to mention*" ("Arrependimentos, tive alguns / Mas muito poucos para citar").

Escolher o caminho a ser seguido e suas respectivas consequências é um ato de coragem, conforme mostra a música em: "*I faced it all and I stood tall / And did it my way*" ("Enfrentei tudo e me mantive firme / E fiz do meu jeito").

Não basta receber

o conhecimento,

é preciso multiplicá-lo.

Receber a informação,

processar e devolver

para a sociedade.

Reitero ainda a importância da espontaneidade, de dizer o que se pensa, principalmente quando o objetivo é, mesmo que de um jeito mais duro, transformar positivamente as formas de ser, pensar e agir das pessoas, levando-as a refletir sobre determinados casos ou ações: "*To say the things he truly feels / And not the words of one who kneels*" ("Dizer o que realmente sente / E não as palavras de quem se ajoelha").

Para reforçar o pensamento de não querer agradar a todos, há uma famosa frase – atribuída ao ex-presidente norte-americano John F. Kennedy – que diz: "Eu não sei o caminho para o sucesso; mas, sem dúvida, o caminho para o fracasso é querer agradar a todo mundo".

CONSTRUÇÃO DE ESTRADAS

Se foi a letra de *My Way* que inspirou este livro, acredito que seja importante conhecer a metodologia da constituição de uma estrada ou rodovia, afinal você é o "construtor" responsável pela obra.

Trata-se de um projeto grandioso que deve respeitar a execução de etapas distintas, como planejamento, organização e uma boa execução para chegar ao resultado final com sucesso, garantindo o uso por muitos anos sem grandes manutenções. Caso contrário, não atenderá à demanda e aos objetivos predefinidos para a obra. Em resumo, você terá dificuldades de construir o seu caminho por essa estrada.

As rodovias têm o papel de gerar a integração territorial. Da mesma forma, a estrada que você construir permitirá não só essa integração, mas também a econômica, a social, a profissional, entre tantas outras.

As estradas são pavimentadas, em alguns trechos estreitas e perigosas, com declives e aclives íngremes e curvas fechadas, mas também há partes largas e com longas retas. Durante todo o trajeto, as sinalizações nos orientam sobre como devemos nos portar nos trechos seguintes.

Tudo acontece exatamente como as situações com que nos deparamos na vida.

A construção de uma rodovia obedece obrigatoriamente a três etapas:

- Fase 1 – Estudo e planejamento
- Fase 2 – Desenvolvimento do projeto
- Fase 3 – Construção

Do início ao fim, do estudo e planejamento à construção, são dezenas de fases, até que se aplique o asfalto, ou selante asfáltico. Em virtude da logística complexa, diversos profissionais de áreas distintas participam de todo o processo e, em especial, dos estudos de viabilização e de planejamento do projeto. Daí em diante, parte-se para a implantação, o desenvolvimento e a execução da estrada.

Vamos conhecer então as etapas da construção de uma rodovia.

Fase 1 - Estudo e planejamento

Nessa etapa inicial, é preciso fazer inúmeras análises, definições e cálculos sobre a função para a qual a rodovia será construída; se terá utilização turística, comercial, entre outras.

Os estudos envolvem também os tipos e os pesos de veículos que por ali irão circular, além do volume de tráfego, da possibilidade de engarrafamento, dos riscos de acidentes e dos custos de construção e manutenção da rodovia.

Estuda-se ainda o potencial econômico da região que será atendida pela estrada e os impactos causados: o possível crescimento da frota de veículos e a capacidade para escoá-la, assim como a necessidade de ampliação da rodovia.

Fase 2 - Desenvolvimento do projeto

Em poder dos dados e das informações que determinam as características do empreendimento, na Fase 2 são incluídos os cálculos para elaborar o orçamento, traçar o perfil transversal e longitudinal da obra, suas extensões, entre outros aspectos referentes às dimensões, à arquitetura e à engenharia.

Nessa fase são estimados possíveis obstáculos e como eles podem ser solucionados com inteligência, segurança e custos minimizados. Isso envolve uma apurada perícia dos engenheiros.

Fase 3 - Construção

Com base em estudos, análises e cálculos, inicia-se a construção da rodovia. Uma equipe especializada comanda a construção na prática, conduz o empreendimento e define equipamentos, materiais e mão de obra necessários para executá-lo.

A fase da construção é composta de diversas etapas que envolvem, por exemplo:

- Desmatamento;
- Fundação da estrutura;
- Terraplanagem de bueiros;
- Compactação do solo;
- Pavimentação;
- Escoamento de águas pluviais;
- Corredores ecológicos;
- Travessias para pedestres;
- Paradas de ônibus;
- Sinalização.

A esses, somam-se inúmeros outros pontos, pois o objetivo principal de cada projeto é suprir as necessidades das regiões que serão atendidas pela rodovia.

Fiz questão de conhecer melhor o assunto e de trazer toda essa explicação sobre a construção da estrada, para que você perceba quantos detalhes estão envolvidos, quanto capital será aportado e quanta segurança está em jogo, afinal a construção de uma estrada envolve a vida de milhões de pessoas.

Feito isso, a sua estrada estará pronta. Agora, é viver e curtir do seu jeito.

CAPÍTULO 1

ESTUDO E PLANEJAMENTO

O COMEÇO DA ESTRADA

EU NASCI NO DIA 16 de novembro de 1949, em Oscar Bressani, no interior de São Paulo e vim para Mandaguaçu, no Paraná, perto de Maringá, onde meu avô, José Gazin, tinha comprado um sítio. Aos 5 anos, eu já ia na roça com meu pai, Alfredo, carpir café. Minha mãe se chamava Laurinda Gazin.

Em 1953, houve uma geada muito grande. Eu nunca vi tanto gelo. Perdemos toda a nossa plantação de café. Desiludido, meu avô queria devolver a terra e voltar para São Paulo, mas o vendedor do sítio deu um desconto, e acabamos ficando por lá mesmo.

Daí para a frente tudo andou bem e aproveitamos as safras de café. Em 1955, quando eu já estava com pouco mais de 6 anos, viemos morar na Estrada Atlantique, mas aí aconteceu outra geada, e perdemos novamente tudo o que havíamos plantado.

Passamos por um período difícil, até porque era preciso também pagar as terras que meu avô tinha adquirido e, sem a extração do café, tudo se complicava.

Mas meu pai e meu avô, com quem eu mantinha um convívio bastante próximo, eram muito trabalhadores e não se deixavam esmorecer. Certamente, puxei essa garra deles. Eu vibrava quando os dois iam na cidade comprar soda cáustica, querosene, açúcar e sal, entre outros produtos, e meu avô me trazia um grande e delicioso sanduíche de mortadela. Era um "sonho" que eu dividia em quatro ou cinco porções, para comer um pedaço por dia.

Teve uma ocasião que me marcou bastante. Assim que eles chegaram, eu fui correndo ao encontro do meu avô. Vi a tristeza no olhar dele, que sem jeito me disse: "Mário, hoje não consegui comprar seu sanduíche. Não sobrou dinheiro". Aquilo me cortou o coração, imagine então o dele.

Se meu avô era um homem querido, mas infelizmente morreu cedo, vítima de infarto no bom coração que ele carregava no peito, minha avó, Julia Gazin, era muito brava, de poucas palavras ou gestos de carinho.

Sem meu avô, meu pai assumiu as responsabilidades da propriedade; a irmã dele, a tia Palmira, também ajudava como podia. Mas tempos depois eles decidiram, com o outro irmão, Salvador, vender as terras e dividir o dinheiro. Minha avó foi morar com o tio Salvador.

Com a parte do dinheiro que coube ao meu pai, ele adquiriu uma chácara de dois alqueires, para onde nos mudamos. Na época, em 1963, o Brasil vivia um conturbado momento político. O presidente era João Goulart, o "Jango", que vinha sendo acusado pelo militarismo de cultivar ideias comunistas.

No Paraná, justamente em função dessa situação política, apareceram posseiros, que invadiam as terras e tiravam as famílias de suas propriedades rurais. Isso aconteceu com a

“Eu não sei o caminho para o sucesso; mas, sem dúvida, o caminho para o fracasso é querer agradar a todo mundo.”

John F. Kennedy

nossa chácara, que foi tomada por posseiros. Mas logo a recuperamos, pois, em 1964, João Goulart foi deposto, e os militares assumiram o poder.

Com isso, meu pai decidiu vender a chácara e nos mudamos para Cidade Gaúcha. Ele comprou um jipe para ser taxista, e posso dizer que a partir daí começou a nascer a Gazin, loja de móveis!

Em Cidade Gaúcha, morávamos na parte urbana. Eu pouco estudei, investia todo o meu tempo no trabalho: fui sapateiro, garçom, padeiro, trabalhei numa loja de secos e molhados etc. Até iniciar com o Celi Antonio Pereira, dono da Casas União, composta de uma fábrica de móveis e uma rede de lojas nas redondezas de Cidade Gaúcha. Compramos justamente a que o Celi tinha maior dificuldade de cuidar, a de Douradina, onde montamos a primeira Gazin.

Na negociação, colocamos o jipe do meu pai no negócio, demos mais uma parte em dinheiro, e o restante quitamos num plano de pagamentos parcelados.

Então, em 13 de dezembro de 1966, inauguramos a primeira Loja Gazin, em Douradina. Aos 17 anos, eu vivi uma das grandes emoções na estrada da minha vida: tornei real o sonho de ser patrão e empresário!

Virar patrão e empresário representa gerar riqueza para tanta gente. Em seis décadas de atividades, são mais de 13 mil empregos diretos.

Mas entre o primeiro funcionário, o Pedro Paulo, e ultrapassar a marca de 13 mil colaboradores, já se passaram sessenta anos de luta, perseverança, comprometimento e investimentos, abrindo mão de vivenciar situações e de estar ao lado de pessoas tão importantes.

Já se foram sessenta anos percorrendo a estrada da minha vida, cujo trajeto vou agora trazer em detalhes durante o livro. É incrível como, a partir de alguns anos, percorrer a estrada da vida ganhou uma velocidade absurda.

Não sentimos mais o tempo passar. Dia após dia... semana após semana... mês após mês... ano após ano...

As pessoas me dizem: "Mário, você precisa fazer pilates, se exercitar". Eu adoraria, mas só consigo se for às 3h da manhã. A partir das 6h, não sobra mais tempo. Estou sempre envolvido em alguma viagem, reunião ou recebendo pessoas.

Então, o importante não é apenas viver e vencer, mas viver e vencer com intensidade, integridade e permitindo que pessoas ao seu lado também possam fazer o mesmo.

Gosto muito de uma frase, atribuída ao filósofo e escritor estadunidense, Ralph Waldo Emerson, que diz: "Na estrada da vida, a importância não está no destino, mas na jornada".

FAZER DE TUDO UM POUCO

Comecei a trabalhar muito cedo, ainda criança. Eu era inicialmente sapateiro e pelo trabalho ganhava, proporcionalmente, o que valia um par de botinas por mês. Não havia tantas opções de emprego.

Por dia, a gente colocava em torno de doze a treze meias-solas. A parte de cima do sapato e das botas durava mais, mas a parte de baixo, a sola inteira ou meia-sola, estragava. Tinha que derreter couro, que se transformava em gelatina, para fazer a cola que seria utilizada e aplicada com pincel. Essa era a técnica.

Eu era o sapateiro mais rápido; colava a sola ou meia--sola, colocava o salto e enchia a boca de tachinhas e com a língua empurrava para o lábio e pegava uma a uma com a mão. Aquilo dava agilidade no trabalho. Mais adiante, os sapateiros passaram a costurar também.

Fui ainda padeiro, e o fermento era feito com batatinha ralada. Eu batia tudo na mão, pois não tinha liquidificador. Para complicar, qualquer mudança de temperatura comprometia o crescimento da massa.

O INÍCIO EMPREENDEDOR

Quando estava com 17 anos, eu já idealizava alguns sonhos, mas ainda não os tinha atingido. O sonho é uma estrada que não pode ter fim; quem deixa de sonhar, deixa de viver.

Era uma época muito diferente da dos dias de hoje. Naqueles tempos, eu tinha alguns amigos que não trabalhavam e não se preocupavam com nada. Os jovens atualmente planejam e têm mais perspectivas de vida.

Mas desde os meus 12 anos eu já procurava estar perto dos garotos que mais trabalhavam e de pessoas com mais idade e com quem eu pudesse aprender. Meus amigos próximos, uns oito ao todo, também batalhavam muito. A maioria morava em sítios e fazendas, locais onde havia emprego. As serrarias também contratavam.

Quando nos encontrávamos, não tinha esse negócio de festa, bebida. A gente tomava chimarrão, comia pinhão e conversava bastante sobre o futuro: um queria ser professor; outro, dentista; um deles falava em ser veterinário; havia quem tinha intenção de ser caminhoneiro; e eu e outros amigos pensávamos em ter bar e sorveteria.

Cada um de nós procurava sonhar e pensar em construir a própria estrada. Alguns realmente transformaram seus sonhos em realidade. O motivo de eu querer ter bar e sorveteria era o custo mais baixo para montar, mas no fim me vi com loja de varejo. Uma nova estrada que eu me orgulho muito de ter percorrido.

Quando surgiu a possibilidade de comprar a loja de móveis em que eu trabalhava, se aquele não era o meu sonho, virou uma boa oportunidade, pois eu teria um prazo para pagar.

Meu pai me amava muito e, quando lhe contei sobre a possibilidade de adquirir o comércio, topou na hora. Mesmo assim, fomos conversar com alguns amigos, para saber a opinião deles. Foram unânimes em dizer: "Não é um bom negócio". Alguns sugeriram montar um comércio de secos e molhados, outros até disseram que mesmo não sendo a melhor escolha, poderia ser um negócio de ocasião interessante.

Apesar das opiniões contrárias, meu pai me perguntou: "Será que vai dar certo?". Ele, digamos, jogou a batata quente nas minhas mãos. Se eu não segurasse, adeus loja. Pois fui firme na resposta: "Pai, só depende de nós!". Ali ele sentiu firmeza, e seguimos em frente até fecharmos a compra da loja.

Eu tinha lá meus motivos para ter tanta convicção. Na loja em que eu trabalhava, a Casas União, cuja filial de Douradina vim a comprar, eu procurava prestar bastante atenção no meu patrão, o Celi Antonio Pereira, sujeito jovem e brincalhão.

Eu observava como ele fazia a gestão do negócio e pensava em como eu poderia absorver os pontos positivos e melhorar aquilo que talvez ele fizesse de errado. Aliás, esta é uma dica que deixo aqui: seja bastante observador.

Por isso, considero que, apesar de termos inaugurado a primeira loja Gazin em 13 de dezembro de 1966, ela surgiu bem antes. A Gazin nasceu realmente a partir dos meus 12 anos, tempo em que trabalhei por apenas um mês com Euclides Fabris, quando mesmo ganhando pouco e deixando que meu pai recebesse o salário, eu ainda me virava com alguns bicos e conseguia guardar um pouco de dinheiro.

De alguma forma, eu já fazia a gestão do meu pouco ganho e pensava: "Eu vou ter o meu negócio". A ideia inicial, de um bar e sorveteria, se transformou em uma loja de secos e molhados. Era um sonho, um caminho a percorrer.

O mercado brasileiro, proporcionalmente, era muito menor do que nos dias atuais (2025), com mais de 212 milhões de habitantes. Em 1966, nossa população era de pouco mais de 85 milhões e com outro perfil consumidor.

O que havia nos municípios era a loja de secos e molhados, um bazar que vendia diversos produtos, o bar, a padaria e o posto de gasolina. Nesses locais se encontrava tudo: comida, mercadorias diversas, materiais de construção, combustível e variedades, como linha, agulha e tecido, pois a grande maioria costurava as roupas em casa.

Mas também naquele período começou um processo de descentralização do Brasil, iniciado ainda com o presidente Juscelino Kubitschek, que em 21 de abril de 1960, último ano do mandato dele, transferiu a capital federal do país do Rio de Janeiro para Brasília.

Era uma ação importante dentro do projeto desenvolvimentista sustentado no seu plano de governo, marcado pelo *slogan* "50 anos em 5"! A promessa era a de que, em seus cinco anos de mandato, a gestão de Juscelino geraria um acelerado nível de progresso econômico e industrial no país, proporcional a cinquenta anos de desenvolvimento.

Após o mandato do Juscelino e um rápido e conturbado governo do presidente Jânio Quadros, que renunciou, e do vice dele, João Goulart, os militares assumiram o comando do país em 1964, e a descentralização populacional e econômica teve continuidade. Com isso, outras regiões do país, como Centro-Oeste, Nordeste e Norte, se desenvolveram.

Depois tivemos inúmeras transformações que tornaram o Brasil cada vez mais interligado e conectado. Como representante da terceira geração dos Gazin, posso afirmar que a primeira delas, a do meu avô, viveu um período mais difícil que a do meu pai, Alfredo. Eu e mais irmãos pegamos um tempo mais fácil do que o deles. O mesmo vale para os meus filhos, netos, bisnetos...

Cada uma das gerações vai sofrendo menos e tendo um caminho mais estruturado, uma estrada mais segura, sinalizada e asfaltada, e com todo suporte de apoio, como dos postos de combustíveis, da Polícia Rodoviária, dos restaurantes, centros de apoio, etc.

Mesmo assim, vivemos momentos bastante difíceis e complicados até transformar aquela primeira Gazin numa rede de mais de 450 unidades, entre lojas e negócios, e num grupo de empresas que envolve atuação em varejo, serviços, indústria, banco, agronegócio, entre outros.

Quando comecei a Gazin, colocamos todos os nossos recursos na compra e no estoque da loja. Por isso, tinha realmente que acreditar que ia dar certo. Não havia como recuar!

A locomoção local era muito ruim, e para passar com nosso carro de entrega eu tive que abrir estradas e construir pontes, balsas e até pinguelas, que são madeiras colocadas para permitir acesso em certos trechos danificados.

À medida que o negócio se desenvolvia, eu sentia a situação apertar e ficar mais complicada, cheia de detalhes, com mais riscos e investimentos.

Eu trabalhava com muito amor e garra. Meus irmãos e o pessoal que contratamos, também. Mas eu não tinha estudo, cursei até o segundo ano do primário, atual Ensino Fundamental Anos Iniciais. Fiz então a opção de ir em busca de conhecimento para agregar ao negócio, de fazer cursos e conversar com gente experiente.

Ampliei a rede de contatos: conversava com o gerente da Lojas Pernambucanas de Douradina e com outros comerciantes; e por indicação passei a fazer cursos que atendiam às pequenas e médias empresas, como no Centro de Assistência

Gerencial (CEAG), no Centro Brasileiro de Assistência Gerencial à Pequena e Média Empresa (Cebrae), que se transformou no Serviço Brasileiro de Apoio às Micro e Pequenas Empresas (Sebrae) e se tornou um grande apoio e fonte de conhecimento sobre gestão.

Depois de um bom tempo, um consultor do próprio Sebrae me disse: "Mário, você já cresceu muito, e não acredito que o Sebrae ainda consiga colaborar com o seu negócio. Você agora precisa alçar voos mais altos".

Segui à risca o conselho dele e fui fazer cursos nos principais centros do Brasil e em outros países vizinhos, como Argentina e Chile.

Posso garantir a vocês que a carga foi e tem sido dura. E quanto mais a gente cresce, mais agrega responsabilidades com funcionários, fornecedores, clientes, impostos, estrutura etc.

Por isso, tenho a convicção de dizer que empreendedores natos não têm sorte, não surge uma estrela na testa deles do nada. O resultado positivo só acontece se houver grande entrega e dedicação. A verdade é que o empreendedor de verdade é comprometido com seu negócio e com aqueles que estão direta ou indiretamente ao seu redor.

Aprecio muito uma frase citada no filme *O exterminador do futuro*: "Não existe destino além daquele que nós queremos". Ou seja, são as nossas escolhas, iniciativas e estratégias que moldam o nosso presente e futuro, que muitos chamam de destino.

GENTE MOTIVADA E FELIZ

A leitura é fundamental. Aprecio livros ligados aos conceitos de família e administração. Se começo a ler e gosto do conteúdo e da forma de escrita, não paro mais. Leio sempre com caneta ou marca-texto na mão, para registrar pontos relevantes. É como se eu lesse e "conversasse" com o livro.

Acordo cedo e gosto de começar as atividades do dia com um livro nas mãos. Durante a leitura de uma dessas obras, algo me remeteu ao início da Gazin, que de fato ocorreu quando eu tinha 17 anos, em 1966 – mas, como eu já comentei, nasceu 5 anos antes.

Digo isso porque, desde que eu tinha 12 anos, trabalhava duro e procurava prestar atenção nos meus patrões: Celi Antonio Pereira, que sabia negociar e ganhar dinheiro; e Sebastião Rubira, que não era um grande empreendedor, mas sabia administrar o negócio.

Trabalhei também no boteco do Euclides Fabris, homem muito correto, fantástico, e que foi prefeito de Naviraí. Eu me dividia entre o boteco, no qual eu dormia e fazia as refeições, e a serraria dele, onde vez por outra íamos buscar toras de madeira na floresta. Era bem trabalhoso e me lembro que numa das vezes choveu muito. Ficamos presos um dia e meio na mata e tivemos que dormir por lá. Vasculhei no matagal e achei uma tora de palmito, que consegui abrir no machado e foi o que matou a nossa fome.

São as nossas escolhas, iniciativas e estratégias que moldam o nosso presente e futuro, que muitos chamam de destino.

Certa vez, ele me perguntou: "O que você imagina para o seu futuro?". Eu respondi que queria ter um "Bulichão", loja de secos e molhados.

A resposta dele me deixou chateado:

— Piá (jeito local de chamar os jovens), como é que tu vais ter um "Bulichão"? Você não tem recursos para isso... eu, sim, tenho; e meu capital vai ainda aumentar.

Respondi que não tinha dinheiro naquele momento, mas que trabalharia muito, guardaria dinheiro e realizaria meu sonho. O homem sorriu, bateu no meu ombro e encerrou assim a conversa: "Gosto muito de você, Mário. Você é um grande trabalhador e vai realizar os seus sonhos".

Anos depois, quando já tínhamos aberto a Gazin, nos contrataram para fazer um carreto em Naviraí. Pois meu pai e eu fomos visitar o Euclides, que fez uma grande festa quando nos viu e nos convidou para almoçar. Durante a refeição, ele contou que tinha uma boa serraria e uma fazenda, e me perguntou: "Mário, você abriu o 'Bulichão'?". Respondi que não, mas tinha uma loja de móveis, e ele ficou muito feliz.

Sempre que íamos a Naviraí, visitávamos o Euclides. A cada vez que nos encontrávamos, eu já tinha mais lojas, e ele também crescia nos negócios, comprando mais outra fazenda e montando uma usina de álcool e uma tecelagem.

Num dos nossos últimos encontros, já tínhamos mais de trinta lojas, e cheguei na fazenda dele de avião. Foi quando, emocionado, o Euclides me disse: "Mário, você tem grande valor. No passado, não tinha nada, e hoje tem uma bela rede de lojas e até avião".

Por volta de 1996, o Euclides ficou muito doente e disponibilizei nosso avião para levá-lo a São Paulo, onde ficou internado e depois veio a falecer.

Com 12 anos eu já idealizava ter meu negócio, mas pensava numa loja de secos e molhados. O que me incomodava era que eu perguntava aos meus patrões quanto vendiam e faturavam, mas eles desviavam o assunto e "escondiam o jogo".

Jamais agimos assim na Gazin: espalhamos nossas metas e nossos objetivos pela empresa, e a cada vitória conquistada fazemos barulho. Fiquei um período internado em Douradina e, como coincidiu com os dias 10, 11 e 12, período em que divulgamos os lucros, ouvi um foguetório de emocionar: ali eu sabia que havíamos batido as metas! Aliás, eu e todos do município de Douradina ficamos sabendo dessas conquistas.

O PASSADO E O PRESENTE COM O MESMO SABOR

Temos que viver intensamente cada momento. Se hoje eu posso me hospedar em bons hotéis, frequentar excelentes restaurantes e viajar pelo Brasil e o mundo, tudo é fruto da abstinência e dos esforços que eu, meus irmãos e nossos funcionários fizemos no passado e continuamos a fazer no presente e no futuro.

Às vezes, passávamos em frente a um hotel bonito e só ficávamos namorando a possibilidade de lá nos hospedarmos, mas não tínhamos dinheiro para isso. Então, dormíamos na carroceria da caminhonete ou do caminhão. Certa vez, eu e o meu irmão Antonio, o Doia, fomos para Rondônia, e fazia muito frio; pegamos no sono no carro, sem cobertor nem nada. No dia seguinte, acordamos cedo e já pegamos estrada.

Éramos jovens e suportávamos a forte carga de trabalho. A gente praticamente fazia bate-volta de Douradina a São Paulo. Era Deus no comando e do nosso lado.

Ainda enfrentávamos insetos e animais selvagens quando parávamos em áreas florestais, improvisávamos lampião com vela… só parávamos para fazer a comida. Levávamos os alimentos e preparávamos as refeições: basicamente arroz, feijão, carne seca, tomate e banana de sobremesa. Já passei necessidade, mas fome nunca. Essa era a vida possível de se ter, mas que poderia ser transformada, como realmente aconteceu.

A DIFICULDADE DE ENTENDER

— Padre João Daniel, por que sempre escutamos as mesmas coisas?

Essa foi a pergunta que fiz ao padre João Daniel. Eu o considero um dos meus mentores na vida, um ser humano que muito admirei e que aprecio como meu segundo pai.

A resposta dele foi didática e cirúrgica:

— Mário, por que o marceneiro coloca o prego na madeira e dá várias marteladas? Ele faz isso para que o prego entre na madeira por inteiro. Assim são as ideias… temos que bater muitas vezes na mesma tecla. Não entra na primeira pancada, porque a ideia estava dura. Então, precisamos bater nela muitas e muitas vezes.

E o padre João Daniel seguiu com a explicação:

— Na nossa religião, temos o exercício da *Lectio Divina*, ou Leitura Orante. É um caminho espiritual profundo que nos convida a escutar a Palavra de Deus, meditar, orar, contemplar e agir. Veja o nível de relação que travamos com a Palavra de Deus: escutar, meditar, orar, contemplar e agir! *Lectio* quer dizer ler a passagem da Bíblia devagar, com atenção e foco, permitindo que as palavras ecoem no coração. Guardadas as devidas proporções, é assim que as ideias, palavras e orientações entram na nossa mente.

As explicações do padre Daniel foram perfeitas. Passei a praticar a repetição das palavras em relação a mim e às outras pessoas quando queria deixar algo muito bem registrado. E, realmente, de tanto bater, o prego entra mesmo na madeira!

Muitos dos jovens que conheci se acomodaram ou desistiram de empreender porque não bateram no prego até que ele entrasse na madeira por completo. Eu disse por completo! Se deixar um pedacinho da cabeça do prego para fora, não dá certo.

O MEU CAMINHO...

Conforme eu disse na abertura, a música *My Way* foi a grande inspiração para que eu me convencesse da ideia de registrar, em um livro, mais uma parte daquilo que tenho vivido.

Em cada palavra, a cada linha, a cada estrofe, eu me recordo e valorizo cada passagem: muitas vitoriosas, outras nem tanto; algumas bem alegres, outras com registro de tristeza. De todo modo, todas foram de grande valia, resiliência e aprendizado.

Hoje, posso escolher o melhor restaurante para apreciar qualquer tipo de cozinha e comida saborosa. Restaurantes renomados, com estrelas Michelin, onde servem boas carnes, belas massas e deliciosos peixes e frutos do mar.

Mas confesso que um prato de comida em um restaurante com estrelas Michelin tem para mim o mesmo valor – não financeiro, mas sim emocional e de satisfação – que uma refeição servida e preparada na casa de um amigo, dos meus filhos amados, de um restaurante na beira da estrada, de um boteco, feita por mim ou pelo nosso pessoal na cozinha da Gazin.

Tem o mesmo sabor e valor das refeições que eu e o meu pessoal fazíamos na estrada ou que eu preparava na cozinha improvisada no nosso caminhão de transporte de mercadorias, um Mercedes-Benz apelidado de "Cascudo", onde levávamos os produtos vendidos, trazíamos mercadorias para as lojas e até fazíamos carreto para não perder a viagem e rodar vazio.

No nosso estoque havia alimentos práticos: arroz, carne seca e linguiça defumada, feijão, macarrão, óleo e temperos. No próprio caminhão havia um pequeno fogão a gás e panelas.

Eu mesmo cozinhava, e comíamos com gosto. Nada de luxo. Colocávamos a comida numa cumbuca e comíamos de colher. De tão cansados, acabávamos de comer e mal nos aguentávamos em pé.

Ainda me recordo, no início da década de 1970, de quando eu fazia um curso na Associação Comercial do Paraná (ACP), na região central de Curitiba, em frente à Universidade Federal do Paraná. Os cursos aconteciam na parte da manhã e da tarde, com intervalo para almoço.

Como eu não tinha dinheiro para almoçar, enrolava para não sair com o pessoal e ficava na sala, aguardando o retorno do grupo e o reinício das aulas. Eu ficava hospedado na casa de um colega de curso, e com o pouco dinheiro que eu levava tomava café da manhã e jantava; eram as refeições que eu fazia. Eu era o único do interior paranaense; todos os outros viviam na capital.

Décadas depois, fui homenageado pela diretoria da ACP, e essa mesma sala onde eu estudei se chama Mário Gazin. Uma enorme honra e que muito me emociona.

Viver e crescer sem perder a essência. Você pode ter as melhores condições financeiras, mas jamais deve perder sua essência. Foi com ela que você criou seus valores e chegou até aqui.

Outro aspecto que me encanta é conhecer os costumes locais e provar a comida caseira, aquela tradicional de cada cidade ou país. Algumas não são tão saborosas, mas vale pela experiência.

Procuro compartilhar essa ideia com o pessoal que viaja comigo. Nem todos são tão adeptos, e fico triste com isso, pois assim se perdem grandes oportunidades de crescer culturalmente.

No caso desse pessoal que é mais enjoado para comer, eu pego no pé mesmo. Certamente você também conhece pessoas assim. Entre tantos exemplos, vou contar o de uma filha amada minha que certa vez viajou pela Gazin para a paradisíaca Punta Cana, na República Dominicana, com tudo pago, no sistema *all inclusive*. Quem já conhece sabe da vasta gastronomia oferecida aos turistas.

Pois logo que ela retornou, me disse: “Seu Mário, amei as praias, mas não gostei muito da comida”. Achei bastante estranho e comentei com ela: “Minha filha, você não serve para viajar, porque tem dificuldade para se adaptar”. E anotei essa informação no meu celular.

Ao ouvir aquilo, ela ficou bastante apreensiva, já que corria o risco de ser tirada de futuras viagens. Achei bom, pois isso poderia causar mudanças nos hábitos dela. Como eu disse, temos que conhecer as culturas diversas, mesmo que nossa adaptação a algumas seja mais difícil.

Tivemos oportunidades de estarmos juntos em outras situações, e a vi muito mais adepta às novidades. Até comentou que esteve em alguns lugares exóticos e aproveitou para experimentar e conhecer os hábitos e as culturas locais. Em um desses encontros, inclusive, a comida era bem diferente, e ela bateu dois pratos.

Achei excelente. É isto que precisamos provocar no próximo: boas e interessantes transformações que certamente elevarão o nível pessoal, profissional e cultural.

Pois essa filha amada logo depois foi selecionada por mérito, num concurso interno da Gazin, para estar no grupo que viajaria a Dubai. Quando eu soube, liguei para ela e brinquei: “Prepara o estômago! A comida de Dubai é muito diferente”, e ambos rimos bastante.

Lembrei-me de que, na minha cozinha na Gazin, existe uma placa que diz: “Na sua casa, você come o que você quer. Aqui, você come o que eu sirvo”.

Viver e crescer sem perder a essência. Você pode ter as melhores condições financeiras, mas jamais deve perder sua essência. Foi com ela que você criou seus valores e chegou até aqui.

SABER "JOGAR" COM AS PEÇAS CERTAS

Comentei sobre o nosso caminhão, aquele que conseguimos comprar ainda no início da Gazin. E que era com ele que transportávamos mercadorias e nele cozinhávamos e muitas vezes dormíamos.

Passei muito sufoco com ele nas estradas, porque sempre colocávamos mais carga do que era indicado. Com isso, era duro encarar as subidas, mas um terror enfrentar as descidas, pois com o elevado peso o caminhão ganhava mais velocidade e, então, era preciso ter breque e braço bom para controlar o veículo.

Graças ao nosso velho e forte caminhão, hoje sinto imenso orgulho quando, ao passar pelo nosso pátio na sede da Gazin, me deparo com centenas deles ali estacionados, trazendo ou levando produtos para as nossas lojas, os CDs (Centros de Distribuição) e os clientes.

Eu realmente me emociono ao ver o volume de negócios que a Gazin gera. E fico ainda mais feliz e comovido ao presenciar também os vários veículos e motos que enchem o pátio e estacionamento dos nossos funcionários.

Eu sempre digo a quem está comigo: "Como é lindo ver a nossa gente comprando seus carros e motos, suas casas, reformando seus imóveis, viajando e conhecendo outras culturas, estudando e formando seus filhos".

Uma das principais missões do empreendedor é gerar riqueza e fazer a economia girar. É justamente o dinheiro dos salários que pagamos que movimenta a economia local e permite ao nosso pessoal investir naquilo que deseja e realizar seus sonhos.

O TEMPO...

Em março de 2025, passei por um grande susto. Pela primeira vez na minha vida, fiquei internado por treze dias e senti a saúde bastante abalada. Já passei por várias cirurgias, mas sempre tirei de letra, estando bem descontraído, animado e contando piadas.

Mas dessa vez eu cheguei num estado crítico ao hospital. Estava na minha fazenda e acordei indisposto num domingo. Na segunda-feira, levantei da cama bem cedo para viajar e passei mal na estrada, com muita dor de cabeça e no corpo todo.

Fui direto para o hospital, e logo me internaram e iniciaram o tratamento. Era 24 de março de 2025! Foi o dia em que mais sofri com saúde. Um período bastante difícil. O que mais me preocupa com doenças é depender das pessoas; eu peço sempre a Deus para que não me deixe sofrer.

Rezei bastante e disse para Deus que ainda tenho muitos assuntos para resolver por aqui. Ele me escutou e, inclusive, colocou um médico excelente no meu caminho. Senti firmeza, fiquei tranquilo, e o tratamento foi eficaz e me recuperei 100%.

Enquanto estava no hospital, fiz várias reflexões e lembrei de muitas passagens da minha trajetória e de tanta gente que me ajudou nessa estrada e a quem sou muito grato. Também me recordei de pessoas que me atrapalharam no caminho e, graças a elas, me tornei ainda mais forte e resiliente.

Fiz uma grande análise sobre o tempo, sobre a importância de saber valorizá-lo e utilizá-lo da melhor forma possível e com produtividade.

Outro ponto fundamental é saber definir o que fazer em cada tempo. Há o tempo de trabalhar, de se distrair, de se exercitar, de estar com a família e os amigos…, mas sempre aprendendo. Isso acontece a todo instante: aprendemos trabalhando, em casa com a família, durante a prática de exercícios, nas conversas com os amigos, nos momentos de lazer etc.

Comecei a pensar também que estou afastado das atividades executivas da Gazin há treze anos e que, mesmo assim, a cada dia eu tenho mais afazeres.

Não sinto o dia passar. Mal acordo e, quando vejo, já é hora de dormir. Começa a semana na segunda-feira cedo e, quando percebo, já estamos no final de semana, e logo chega o domingo à noite.

A cabeça está boa, mas sinto que o corpo vem dando sinais de certo cansaço. É natural. Às vezes, até prefiro segurar no corrimão ao descer uma escada, algo que eu não fazia antes.

Eu me realizo nas minhas fazendas, onde pego a enxada, monto cerca, ando a cavalo, me enfio no meio do pasto com o maquinário… e me sinto superbem e feliz. Meus funcionários dizem: "Seu Mário, nunca vi um fazendeiro trabalhar tanto quanto o senhor". E um deles perguntou: "Por que o senhor faz isso?" Eu respondi que trabalho porque quero ser um exemplo para eles.

Na vida temos que criar nossas metas e nossos objetivos. Desde julho de 2025, prometi a mim mesmo, e venho

"Não existe destino além daquele que nós queremos."

Frase do filme: *O exterminador do futuro*

cumprindo, que reduziria em 50% as minhas atividades. Passei a cuidar mais da parte física e a reduzir a carga de trabalho, além de cortar pela metade o número de palestras que faço.

Uma das atividades de que eu gosto bastante é participar da TV Gazin, transmitida pelo Canal 150 via parabólica, com programas de entrevistas e de culinária. A TV Gazin tem alcance global e é transmitida em países de vários continentes: África do Sul, México, Bolívia, Colômbia, Chile, Argentina etc.

Tanto que, como eu gosto muito de pescar, lembrei-me de algumas pescarias nas quais estive no Canadá. Contratamos o piloto do barco para ir pescar das 18h à meia-noite e, quando voltamos, ainda estava claro, parecia dia.

Também participo de competições de pesca em Miami e fiquei em primeiro lugar tanto lá quanto no Canadá. Os juízes avaliam o tempo que o pescador demora para fisgar e o tamanho do peixe. Como prêmio, me levaram a passear de avião em um lugar com peixes maiores.

Pois não é que uma moça que trabalha no hotel canadense em que eu estava hospedado me reconheceu numa das pescarias que eu fiz? Ela me viu na TV Gazin lá no Canadá e até brincou: "O senhor é o mais animado da turma". Nisso ela tem razão: sou bastante animado mesmo!

Um fato curioso: essa moça é dentista por formação e atende seus pacientes no próprio consultório. Mas, para ganhar um dinheiro extra, no calor de junho e julho, trabalha no hotel.

Assim como ela, nas férias do meio do ano, os estudantes de várias áreas, inclusive de Medicina, aproveitam o período sem aulas para trabalhar nos hotéis e em outros estabelecimentos dos lagos, e assim garantir um ganho a mais para ajudar nas despesas. O hotel e alguns comércios locais só funcionam nessa época, pois, no restante do ano, os lagos estão congelados.

Outro exemplo que fiquei sabendo recentemente é o da tenista profissional e modelo canadense, Carson Branstine. É uma moça linda e, para completar a fonte de renda e financiar as duas carreiras, trabalhou como motorista do Uber Eats.

Isso é muito interessante, pois os jovens canadenses mostram que se submetem ao trabalho sem preocupação com o *status* da situação. O jovem brasileiro dificilmente apresenta esse perfil.

Eu mesmo, na infância e na adolescência, fui sapateiro, padeiro, garçom, trabalhei em serviços gerais até iniciar numa loja em Douradina, a qual acabei por comprar.

Passados 60 anos, a mesma Douradina tem pouco mais de 9.500 habitantes, dos quais mais de 2 mil trabalham na Gazin. Isso é motivo de grande orgulho e alegria: saber que, direta ou indiretamente, a nossa Douradina é uma extensão da Gazin, e vice-versa.

Por isso, o título da minha biografia é: *Mário Gazin: a história do menino pobre que mudou uma região e fundou um dos principais grupos empresariais e redes de varejo do Brasil!*

SERES DIFERENCIADOS

Certamente você consegue enumerar pessoas do seu convívio que considera diferenciadas. Se computarmos alguns grandes líderes mundiais, esse número aumenta substancialmente.

Um momento especial que eu vivi aconteceu antes da Copa do Mundo de Futebol de 2010, realizada na África do

Sul. Lá conheci Nelson Rolihlahla Mandela, que presidiu o país de 1994 a 1999. Eu o considero um dos principais líderes da história mundial.

Tive a honra de acompanhar uma delegação brasileira, com cerca de trinta pessoas, até a casa dele, que parecia de classe média-alta. O que mais me marcou foi a humildade, a bondade e a simplicidade do Nelson Mandela, um grande líder. Ele já estava com a saúde abalada, em cadeira de rodas, mas nos recebeu com muito carinho e fez questão de cumprimentar todos os convidados. Mandela veio a falecer três anos depois, em 2013.

Pela defesa de uma nobre causa, contra o *Apartheid* (1948 a 1994), representado pela segregação racial e discriminação política, Mandela teve duas prisões decretadas, sendo condenado à prisão perpétua em 1964. Mas foi solto depois de 26 anos, em 11 de fevereiro de 1990. Em africâner, *Apartheid* significa "separação"; essa política excluía e discriminava os negros e outras minorias étnicas da maioria branca.

Eu li o forte discurso do Mandela após sua soltura, e vale a pena reproduzi-lo:

> *Eu lutei contra a dominação branca e lutei contra a dominação negra. Eu tenho prezado pelo ideal de uma sociedade democrática e livre, na qual todas as pessoas possam viver juntas em harmonia e com iguais oportunidades. É um ideal pelo qual eu espero viver e que eu espero alcançar. Mas caso seja necessário, é um ideal pelo qual eu estou pronto para morrer.*

Você aprende a pescar e pode passar muitos anos sem praticar. Mas, se em determinado dia você estiver náufrago, saber pescar poderá salvar a sua vida!

Realmente, bastante profundo. A representatividade de Mandela era tão expressiva que ele presidiu a África do Sul de 1994, quando ocorreu o fim do *Apartheid*, até 1999.

Inclusive, sugiro a todo brasileiro assistir ao filme *Invictus*, dirigido por Clint Eastwood. O longa-metragem retrata Nelson Mandela, interpretado por Morgan Freeman, recém-eleito presidente e ainda percebendo que, mesmo após o *Apartheid*, na África do Sul ainda persistiam a segregação racial e a separação econômica.

Com a proximidade da Copa do Mundo de Rúgbi, que pela primeira vez seria realizada no país, em 1995, Mandela utiliza o esporte como ferramenta de união do povo. Ele convoca o capitão da seleção nacional François Pienaar, cujo papel ficou para Matt Damon, e o inspira a criar um movimento nacionalista para que os sul-africanos se unam em prol dessa torcida pela equipe e promovam a reconciliação racial.

Vale ainda registrar que, em 1993, por sua luta contra o *Apartheid* e pela reconstrução pacífica da África do Sul, Nelson Mandela recebeu o Prêmio Nobel da Paz, em parceria com Frederik Willem de Klerk, o último presidente do antigo regime e que o precedeu no posto.

Outra recomendação que faço é a leitura do livro *Seja útil*, escrito por Arnold Schwarzenegger, que conta como conseguiu alcançar grande destaque e se reinventar na carreira. Inclusive, é leitura certa para quem quiser entrar para a política, pois ele foi eleito, e depois reeleito, como o 38º governador do estado da Califórnia, entre 2003 e 2011.

O livro apresenta as sete ferramentas que Schwarzenegger utilizou para triunfar e tem frases e reflexões incríveis, como:

> *Se existe uma verdade inevitável no mundo é que nada substitui o esforço. Não existe atalho, truque nem pílula mágica que possa suprimir a necessidade de se empenhar muito para fazer bem seu trabalho, vencer um grande desafio ou realizar seus sonhos. As pessoas tentam economizar esforços e pular etapas desse processo assim que percebem que o trabalho árduo é árduo mesmo. Com o tempo, elas ficam ou são deixadas para trás, porque trabalhar sem parar é a única coisa que funciona sempre para todas as conquistas que valem a pena.*

Concordo com todos os pontos apresentados por ele: não acredito em atalho ou mágica para se destacar, mas em esforço e trabalho árduo. Ou seja, o resultado que alcançamos é fruto daquilo que fazemos todos os dias: nosso grau de engajamento, força de trabalho, equilíbrio, nível de conhecimento, relacionamento, entre outros fatores.

Costumo dizer a todos que eu tenho a vida eterna para descansar. Então, enquanto dispomos do privilégio do dom da vida, precisamos aproveitá-la ao máximo. Viver de forma marcante e intensa, cumprindo uma importante missão aqui na Terra.

Existem realmente seres especiais e diferenciados. Tive a oportunidade de estar próximo e conviver com muitos deles, conhecendo seus valores e suas características marcantes.

Entre tantos encontros e conversas representativas, a que mais me cativou, emocionou e levou às lágrimas aconteceu em 5 de dezembro de 2024. Nesse dia, tive a possibilidade de estar com Jorge Mario Bergoglio, o Papa Francisco.

Sou católico e desde muito jovem participava da comunidade da nossa igreja de Douradina. O encontro foi organizado por alguns amigos ligados à igreja católica; um deles, bispo carioca, estudou em Roma.

Nosso encontro aconteceu na Casa Santa Marta (*Domus Sanctae Marthae*), prédio grandioso construído em 1996, ao lado da Basílica de São Pedro, no Vaticano, onde o Papa Francisco passou a morar desde que o Conclave o elegeu, em 2013. Ele abriu mão de residir em um dos luxuosos apartamentos papais do Palácio Apostólico, para viver em condições mais humildes e ao lado de padres e bispos que trabalhavam no Vaticano, entre outras pessoas.

A programação se iniciava com um jantar com o Papa, mas, infelizmente, em função do trânsito, nosso grupo de aproximadamente trinta pessoas chegou atrasado. Eu tinha programado de levar um presente para o Papa Francisco, mas não conseguimos despachar no avião. Era um quadro com a pintura do mapa do Brasil, com a Gazin no centro e a imagem do Papa abençoando. Esse quadro está exposto no meu escritório.

Uma das principais missões do empreendedor é gerar riqueza e fazer a economia girar.

Inicialmente, com o pessoal perfilado, participamos da sessão de fotos. Na sequência, uma fila foi formada para que todos pudessem se aproximar e cumprimentar o Papa.

Era tudo muito rápido. Cada um do grupo trocava algumas poucas palavras com o Papa Francisco, pedia a bênção dele e alguém aproveitava para tirar uma foto. No meu caso, quem fotografou foi a minha filha, Valéria. Quando chegou a minha vez, entreguei a ele um exemplar da minha biografia. O Papa recebeu com sorriso, olhou e me parabenizou pelo livro.

Ainda conversamos mais um pouco, e ele comentou sobre seu estado de saúde. Nas despedidas, fiz um pedido: "Papa Francisco, o senhor me ajuda a entrar no céu?". Ele sorriu e respondeu: "Como vou te ajudar a entrar no céu, se não sei nem se eu mesmo vou conseguir?". Nós dois rimos, e ele encerrou assim: "Deus te abençoe, meu filho", fazendo o sinal da cruz com a mão.

O Papa Francisco encantou pela liderança, pela representatividade religiosa e pela simplicidade e espiritualidade. Recebi com dor no coração, assim como bilhões de pessoas, a notícia do falecimento dele em 21 de abril de 2025, aos 88 anos.

Mas, em meio à consternação, a igreja católica precisava definir um novo Papa. Em 8 de maio, após algumas votações, a chaminé soltou a fumaça branca, e o Conclave elegeu, como o novo Papa, Robert Francis Prevost, natural de Chicago (EUA), que escolheu o nome oficial Leão XIV.

Dentre os indicados, ele era o meu preferido. Espero ter junto ao Papa Leão XIV um momento tão especial quanto vivi com o Papa Francisco.

UM TEMA DELICADO: FAMÍLIA

Dia desses um empresário que conheço me perguntou: "Seu Mário, qual conselho o senhor me dá sobre a família no negócio?".

Poxa, que tema delicado! Como orientar o empresário em relação à família? Será que, se preciso, ele estará disposto a "cortar na carne"?

Quando eu era garoto, falei para o meu pai que ia embora de casa. Ele era muito severo. Fiquei receoso, não sabia qual seria a reação dele. Pois o seu Alfredo me olhou de frente e disse: "Filho, eu criei você para o mundo".

Foi um momento marcante na minha vida. Aquilo me deu força, me engrandeceu. Apesar de muito novo, eu realmente tinha uma visão diferenciada do futuro, pois queria ter o meu negócio. E pensei que, quando tivesse filhos, agiria da mesma forma com eles.

Graças ao fato de meu pai ter nos criado para o mundo, eu, minha irmã Maria Aparecida (Cidinha) e meus três irmãos, Rubens, Jair e Antonio (Doia), somos destemidos, arrojados, muito trabalhadores e não temos medo de desafios. Mas agimos dentro dos nossos parâmetros, nada de loucuras.

Como eu disse, passei por certos apuros dc saúde em 2025. Mas depois de estar melhor, embora ainda internado, recebi a visita de um casal amigo de Douradina.

Conversamos um pouco, e a moça me perguntou:

— Mário, por que você cresceu mais do que seu concorrente aqui da cidade?

Ela se referia ao município de Douradina. Olhei bem sério para eles e disse:

— Porque eu não tenho família.

Ambos se espantaram:

— Mas eu conheço sua família! — falou ela, perplexa.

Eu então expliquei:

— Eu tenho a família que eu constituí e vivo com ela diariamente. Mas, como eu costumo dizer, antes de cuidar da família, cuide da empresa. Porque a família não cuida da empresa, mas a empresa cuida da família. Então, para responder sua pergunta, o meu concorrente optou por ter a empresa e, em vez de ampliar o negócio e abrir várias lojas, ficar com a família que ele constituiu; almoçam e jantam juntos, comemoram as datas festivas, convivem bastante.

Os dois se entreolharam, e eu continuei:

— Já eu não aproveitei tantos momentos privados com a família e optei por cuidar da empresa, onde tenho mais de 13 mil filhos amados que são os meus funcionários. Até costumo brincar dizendo que trocam o sobrenome deles por Gazin: "É a Sueli da Gazin", o "Henrique da Gazin", a "Maria Luiza da Gazin", e assim por diante.

Percebi que aquilo mexeu com o casal, e continuei:

— Outro dia estava na minha fazenda, e lá havia várias pessoas me cercando e cuidando de mim. O Gabriel Buzinhani, meu assessor, até escreveu numa postagem nas mídias sociais: "Isso que é família". Eu me sinto abraçado e querido pela família dos meus filhos amados e pelos meus filhos biológicos. Então, família e empresa podem se complementar, mas não podem se misturar.

O casal entendeu perfeitamente e agradeceu o esclarecimento. A família precisa ser o lugar da alegria, da felicidade, do respeito e de compartilhar os valores. Empresa tem tudo isso, além de outros fatores e, obviamente, busca a cobrança por resultados satisfatórios, por lucro.

Problemas? Tanto a empresa quanto a família têm. Na sua casa e família existem problemas. Na empresa também, mas de ordens diferentes; não há amor e paixão, mas sim razão e resultado. Eu fiquei um tempo sem conversar com um dos meus filhos; na empresa, isso não acontece, pois você pode ter mais ou menos afinidade com alguém, mas jamais deixará de falar com a pessoa.

Mas, repito: o importante é não deixar os dois, a família e a empresa, se misturarem. Se isso acontecer, bagunça tudo; uma atrapalha a outra.

Quero destacar um ponto que percebo em trocas de ideias com algumas pessoas.

De um lado, alguns dizem:

> *Eu não deveria ter priorizado tanto a família, mas me preocupado em produzir mais e construir um patrimônio melhor para, justamente, dar mais conforto para minha esposa, meus filhos e meus netos.*

Do outro, a conversa é contrária:

> *Eu me dediquei de corpo e alma ao trabalho, construí um patrimônio importante, mas não convivi o quanto queria com a minha família, fui bastante ausente. Quando a família tinha tempo para mim, eu não tinha tempo para a família. Agora que eu tenho tempo para a família, infelizmente ela não tem mais tempo para mim.*

Fazendo uma autoanálise, eu me encaixo no segundo bloco. Não é justo nos cobrarmos por algumas escolhas que fizemos e que, automaticamente, trazem perdas e ganhos. Certamente, se a pessoa do primeiro caso invertesse a situação, se encaixaria na segunda condição, e vice-versa.

Eu não posso me arrepender e me cobrar por aquilo que fiz e não foi do agrado alheio. Eu não vi meus filhos crescerem, mas eles só têm a segurança financeira atual porque não participei ativamente da infância, da adolescência e de parte da vida adulta deles.

Não ia às festas infantis nem estava presente em todas as datas comemorativas. Eu era e ainda sou de alguma forma o provedor! Construí a nossa casa, colocava comida na mesa, gerava os recursos para comprar as roupas, os livros, os carros etc.

Hoje, meus filhos olham o concorrente e veem a família unida na igreja, enquanto os filhos dele nos veem numa condição econômica extremamente confortável. Mas posso dizer que, no final das contas, provavelmente as famílias de ambos

O amor é um sentimento muito amplo e que, muitas vezes, se confunde com a paixão. O amor tem segurança e sobriedade, e a paixão é impulsiva e irracional. Ninguém mata por amor, mas sim por paixão.

os lados questionam e não valorizam ou até não respeitam as nossas escolhas.

Se eu me culpasse pelo que fiz, o Grupo Gazin não teria mais de 13 mil funcionários diretos, o que envolve o sustento de mais de 50 mil pessoas que pagam suas contas, compram suas casas, adquirem seus veículos, estudam e formam seus descendentes, viajam, presenteiam os familiares, mobilham e reformam suas casas etc.

É justo eu me arrepender de uma trajetória que gera tanta riqueza de conquistas? Isso sem contar a economia circular e o capitalismo consciente com grande foco social que o Grupo gera, investindo, abrindo empregos, comprando e adquirindo prestação de serviços dos fornecedores e parceiros comerciais, trabalhando de forma responsável e sustentável, fazendo ações sociais, contratando mão de obra pontual etc.

Então, não julguemos as pessoas e respeitemos a decisão que elas tomaram durante a vida. E também não vamos nos arrepender ou nos crucificar pelas nossas escolhas.

O tempo não para nem volta atrás! Mas também, se voltasse, eu faria tudo novamente, tentando errar menos e alcançar resultados ainda mais satisfatórios.

Tudo que eu fiz na vida foi planejado por meio de metas, tanto na vida pessoal quanto na profissional. Eu durmo com a meta, acordo com a meta, tomo café com a meta e vou trabalhar e fazer as minhas atividades com a meta.

Pois essa metodologia está fincada na cultura organizacional do Grupo Gazin. Inclusive, muitas vezes nossos próprios funcionários, percebendo condições favoráveis, por si só aumentam suas metas ou as dos seus times.

Conheço gente que produz bem, mas não trabalha com metas. Com isso, acaba se perdendo no resultado, porque pode produzir bastante em determinada área ou com certo produto, mas peca em outro setor ou mercadoria. Isso vale também para ser adaptado às empresas e carreiras profissionais.

Em relação ao Grupo Gazin, todas as nossas metas são programadas, mas não engessadas. Em 2024, por exemplo, um ano tão especial na nossa história, planejamos empregar quinhentas pessoas. Em julho já as tínhamos contratado e terminamos o ano com mais mil funcionários.

Também vale registrar que criamos uma meta de abertura de lojas que pode ser ampliada com o surgimento de boas oportunidades ou a possibilidade de aquisição de outra rede – algo que, embora já tenhamos feito, não é muito comum na nossa trajetória.

Em certos casos, a meta pode ser revista para cima ou até para baixo, pelo bem da empresa, apesar de a segunda opção nunca ter acontecido com a Gazin.

Como resultado das metas cumpridas, vem o crescimento da organização ou o melhor posicionamento da carreira. No caso da empresa, esses resultados são medidos pelo crescimento das vendas, do faturamento e da rentabilidade.

Deixo aqui um alerta: a empresa pode suportar até dois meses pecando no batimento de algumas metas, sem crescer ou dar lucro; porém, se completar três meses nesse quadro, interceda, pois há algo de errado no processo.

Em relação às metas do Grupo Gazin, todas elas visam a um grande objetivo: ser a melhor, e não obrigatoriamente a maior, empresa do Brasil!

Temos nos posicionado muito bem, tanto em nível nacional quanto na América Latina, no *Great Place to Work*. Esta é uma consultoria global que afere e certifica empresas com base em culturas de confiança, alto desempenho e inovação, selecionando assim as melhores empresas para se trabalhar.

Somos também extremamente bem-avaliados no *Reclame Aqui*, canal de comunicação entre consumidores, que registram suas reclamações sobre serviços contratados, produtos adquiridos e empresas, que podem responder e interagir com seus clientes e consumidores.

GENTE QUE NASCEU PARA AMAR E VENCER

Nessa estrada da minha vida, conheci muitas pessoas com quem aprendi, me decepcionei e me enganei, e por quem fui surpreendido positivamente. Com certeza, isso acontece com você também.

Na própria Gazin, dezenas de milhares de pessoas por ali passaram. Alguns não se engajaram e não fizeram história ou não marcaram suas passagens pela empresa. Outros vestem a camisa, se incorporam à família Gazin, desenvolvem seus departamentos, criam projetos importantes, assumem e elevam o desempenho das filiais, batem e superam metas, constituem uma linha trajetória no Grupo.

É justamente o dinheiro dos salários que pagamos que movimenta a economia local e permite ao nosso pessoal investir naquilo que deseja e realizar seus sonhos.

Nós da Gazin queremos, conceitualmente e por princípios, saber valorizar e reconhecer o comprometimento das pessoas. Isso provoca crescimento em todos os sentidos. Tudo começa com a autovalorização; saber reconhecer o seu real valor. Daí em diante, quando valorizamos alguém, estamos automaticamente também nos valorizando. Quando gostamos de alguém, estamos também gostando de nós mesmos.

O ponto ideal das inter-relações é o amor; e aqui falo também do amor-próprio.

No Novo e no Antigo Testamento, "Amar o próximo como a ti mesmo" é um mandamento essencial. Isso envolve respeito, cuidado, empatia, compaixão, tolerância, servir e ajudar o próximo, da mesma forma que fazemos com nós mesmos.

Particularmente, chamo meus funcionários da Gazin e pessoas de quem eu gosto de filhos amados. Mas o amor em si é um sentimento sobre o qual tenho certas ressalvas. Talvez isso tenha sido provocado pela minha criação. Eram tempos de pouco carinho e contato físico, nada de beijos e abraços. Não havia isso em família, entre pais e filhos, entre irmãos; não era algo palpável.

Amar envolve não julgar o próximo, pois cada um tem a sua "cruz". Não se compare nem tente trocar de cruz! Não devemos julgar as pessoas. E esse é um exercício difícil de se cumprir!

O amor é um sentimento muito amplo e que, muitas vezes, se confunde com a paixão. O amor tem segurança e sobriedade, e a paixão é impulsiva e irracional. Ninguém mata por amor, mas sim por paixão.

Podemos ficar sem comer e beber, mas não sem fé. Eu rezo e converso com Deus diariamente. Espero que os jovens entendam o quanto antes a importância da religião em nossa vida.

A Gazin é motivada por amor e paixão; uma fusão de sentimentos que alimenta tudo. Se não fosse assim, estaríamos ainda na primeira, quinta ou décima loja, e não teríamos mais de 450 unidades, entre filiais e negócios como banco digital, indústrias de colchões, agronegócio, área de serviços etc.

OS CULPADOS...

"A culpa é sua." "Não, a culpa é sua."

Certamente, de um lado ou do outro, você já deve ter usado uma dessas duas frases.

Lembro-me de quando meus pais se separaram. Além da dor e do sofrimento, eu fiquei pensando: "Quem será que eu vou culpar a partir de hoje se algo der errado?". Meu pai e eu fazíamos assim: um culpava o outro e, dessa forma, achávamos que diminuía a dose de culpa de ambos.

Após me casar, quando algo não saía como o esperado, eu culpava a minha esposa, Cecília, em virtude da minha inexperiência.

Querer encontrar culpados para tudo – em especial para os nossos erros – é um equívoco enorme que só fará mal para nós mesmos. Aquele que não reconhece o erro não cresce conceitualmente, não faz análises e reflexões, tampouco aprende com as situações.

Presto muita atenção aos erros que cometo. E os piores deles acontecem quando agimos por emoção, tomando atitudes impensadas.

Na Gazin, sempre comentei com os meus filhos amados que os erros que cometemos quando estamos bem-preparados e temos iniciativa são aceitáveis. Mas erros por incompetência, despreparo e omissão… esses são imperdoáveis.

A própria Gazin cresceu e abriu várias filiais por "pressão" de amigos que sugeriam a montagem; dois exemplos são as de Diamantino (MT) e Nobres (MT). E também pelo conserto de um erro, como aconteceu com a abertura da filial de São José do Rio Claro (MT), a uns 1.500 quilômetros de Douradina. A logística, que na época se chamava de frete ou carreto, ficou cara e difícil. Um erro cometido pela ação, mas que não envolveu grande estudo.

E como consertar tal equívoco? Justamente, fazendo análises da situação. Pois avaliamos e entendemos que o melhor a fazer era montar filiais entre as duas unidades. E assim, uma a uma elas foram abertas; a rota logística, consertada; e a rede Gazin, ampliada.

MODELO IDEAL DE EMPREENDER

É comum surgirem "teses" sobre empreendedorismo e discussões sobre seu melhor modelo. Empreender é fazer o dinheiro girar; se eu aplicar meu dinheiro no mercado financeiro, ele fica rendendo, mas parado.

Claro que para empreender existem regras que devem ser respeitadas, mas cada empresa e setor exige certas adaptações. Varejo, indústria, educação, prestação de serviços… todos esses e outros segmentos precisam ter o processo de empreender adaptado às suas peculiaridades. Investimentos, contratações e aquisições variam de acordo com a área de atuação.

Mas um ponto é certo: a sucessão empreendedora nas empresas deve seguir a cultura organizacional implantada pelo fundador. A Gazin e tantas outras empresas respeitam esse preceito. Passamos por grandes transformações e adaptações, mas nossa cultura está fundamentada e vem ganhando aprimoramentos.

Não se trata de algo fácil ou simples, principalmente com as contratações e renovações no quadro de funcionários com o passar do tempo. Nessa mescla, o pessoal com mais tempo de casa é determinante no compartilhamento e na manutenção da cultura organizacional com os mais novos de empresa.

A sucessão é também determinante no nosso caso. O primeiro presidente-executivo que assumiu após a minha longa gestão, o Osmar Della Valentina, tinha em torno de dezoito anos de Gazin e estava totalmente integrado à nossa cultura. Depois dele, em 2023, assumiu o Gilmar Alves de Oliveira, o Gil, com mais de trinta anos de organização e igualmente identificado com a cultura Gazin.

Acredito que trabalhamos acertadamente o processo sucessório fora da família. Tanto o Osmar quanto o Gil agregaram, cada qual com seu estilo de gestão e respeito à nossa história.

Sem integrantes da terceira geração da família na linha executiva, trabalhamos nossos filhos para que se disponham como herdeiros e acionistas do Grupo. Temos o Conselho de Administração e o Conselho da Família, onde os acionistas

É triste ver que, na mentalidade de muitas empresas, o primeiro ponto de redução de custos é cortar funcionários. Um grande erro, pois o colaborador tem que estar sempre motivado e se sentir seguro.

se posicionam. Espero que assim seja também com a quarta geração e que alguns integrantes dela possam participar do quadro executivo da Gazin.

No caso de sucessão de empresa familiar feita na família, entendo que o filho mais indicado a assumir é quem acompanha de perto os passos e é seguidor do pai. Não que a gestão de quem suceder será uma cópia daquela do antecessor, mas certamente a pessoa estará totalmente adaptada e conhecerá a fundo o negócio.

De todo modo, no processo sucessório a palavra de ordem é confiança: de pai para filho, de filho para o pai, do fundador para o executivo, e vice-versa.

A confiança nos deixa tranquilos em saber que nossos mais de 13 mil funcionários estão se dedicando ao máximo, cumprindo seus papéis e superando suas metas. Pode haver quem não execute com excelência suas missões, mas os que agem assim ficam diluídos no meio de tanta gente boa, séria e competente.

Há alguns poucos errando, mas milhares dos meus filhos amados acertam. Gente que está na Gazin para fazer história!

COMO É A RELAÇÃO ENTRE INDÚSTRIA E VAREJO?

Acredito, apesar das exceções, que nesse tempo em que estou na estrada vivemos no mercado o momento de maior maturidade na relação entre o varejo e a indústria.

Aliás, vamos tomar a Gazin como base. As empresas das quais compramos produtos não são simplesmente nossas fornecedoras; são parceiras comerciais. Os produtos dessas companhias estão em linha, são apresentados nas nossas lojas físicas e no *e-commerce*, criamos uma relação de cumplicidade, de colaboração, de conquista mútua.

Por isso, não é inteligente enfraquecer nossos parceiros comerciais, ou vice-versa. Prezamos muito a parceira! Aqui vale a empatia, sobre a qual falaremos mais adiante, de cada um dos lados; cliente e fornecedor devem se colocar na posição alheia.

Nós, da Gazin, assim como o comércio em geral, precisamos comprar muito bem as mercadorias, mas é necessário ter equilíbrio e consciência para entender que os dois lados devem perceber se chegaram a um ponto da negociação onde a rentabilidade e a segurança das empresas estão preservadas. E ninguém pode trabalhar sem ter lucratividade!

Prezamos e nos preocupamos bastante com os nossos parceiros comerciais. Tanto que, durante a pandemia, antecipamos os pagamentos das faturas de perto de 360 pequenos, médios e até grandes fornecedores, sem negociar nenhum pedido de desconto; essa ação envolveu um montante de aproximadamente R$ 260 milhões. Recebemos muitas cartas de fornecedores, dizendo que nós salvamos as empresas deles. Fizemos isso com alegria e de coração aberto.

E, ainda de coração aberto, reforço que digo isso com conhecimento de causa: falamos ambas as "linguagens", pois somos grandes varejistas, mas também temos uma das principais indústrias de colchões do Brasil. Se como varejistas qualificamos nossos fornecedores como parceiros comerciais, também queremos ser vistos dessa forma pelos nossos clientes da Gazin Colchões.

Outra consciência necessária é na hora de comprar e vender. Para isso, conhecer o negócio é determinante. Não adianta encher o estoque e a loja, se não houver demanda e não conseguir vender as mercadorias.

Essa mesma relação que acontece no mercado interno é replicada com nossos parceiros internacionais, tanto na América Latina quanto em outros países; alguns são da China, importante fonte de negócios de mão dupla com o Brasil.

Outra relação que flui muito bem acontece entre o comércio (presencial e virtual) e o cliente consumidor final. A preocupação com a experiência do cliente tornou essa relação mais sólida. Apesar dos percalços, há um grande esforço para que o cliente se sinta bem atendido durante todo o processo.

E como saber se essa relação está sadia? Isso pode ser medido de duas formas: pela reincidência de compra e por indicações que o cliente venha a fazer.

Mesmo aqueles que optam pelas compras nas lojas físicas já chegam com informações sobre produtos, modelos e preços. O caminho de pesquisa é a internet. Dificilmente faço compras virtuais, mas uso a internet como fonte de busca, um processo que ganhou espaço e velocidade com a pandemia.

Apesar de vivermos numa economia inconstante, o varejo tem se saído bem nos últimos anos. Para se ter uma ideia, em 2019 eu visitei 101 clientes. Cinco anos depois, em 2024, voltei a visitá-los e encontrei o seguinte quadro: 80 deles registraram

Na Gazin, o funcionário só é demitido se fere a ética e os valores da empresa, ou quando se nega a assumir uma função em outro setor ou rejeita uma mudança de município ou estado.

importante crescimento, ampliaram a rede de lojas, aumentaram o faturamento, contrataram funcionários, investiram em tecnologia e estrutura física.

Você pode estar pensando: "Se 80 cresceram, o que aconteceu com os outros 21?". Tristemente, quatro deles encerraram as atividades, e os outros dezessete, em vez de fazerem o conserto ou ajuste da rota, preferiram encontrar um culpado para o fracasso: o governo!

Esqueçam isso! Reclamar e criticar o governo não ganha jogo. Se a situação do Brasil não está boa, trabalhe mais. Se a situação da sua empresa não está boa, demonstrando ser um problema interno, além de trabalhar mais reveja e reestude o seu modelo de gestão e do negócio. Entre na economia de gastos!

O mundo empreendedor tem ciclos: é natural que tempos de crise apresentem abundância no final, enquanto períodos de abundância fechem com crise. Precisamos então agir como as formigas, que trabalham duro no verão, para armazenar a comida que será consumida no inverno. Ou seja, capitalizar-se nos tempos áureos, para estar prevenido nos períodos de crise. Mais uma vez, a pandemia serve de parâmetro para explicar o que busco colocar.

Vivemos em constante evolução. Dou uma sugestão a você: se tiver oportunidade, veja vídeos e fotos do seu município feitas há alguns anos e compare com os de agora. Ou faça esse registro atual e trace um paralelo daqui a alguns anos. As transformações são e serão significativas. Vivemos num mundo em constante desenvolvimento e transformação!

PEGAR A MESMA ESTRADA OUTRA VEZ

É comum as pessoas me perguntarem: "Seu Mário, o que o senhor mudaria na sua trajetória?".

Ora... se este livro se chama *O homem mais feliz da estrada*, o título por si só já expressa minha alegria e realização com aquilo que tenho vivido.

Amo meus filhos e irmãos, e se eu retornasse a esta vida gostaria de ter a mesma família. Vivemos momentos desafiadores? Muitos, mas "o amor vence a guerra".

Eu queria ser patrão, e Deus me deu a oportunidade de poder gerar milhares de empregos diretos. Eu não esperava crescer tanto e chegar ao patamar alcançado. Eu olho nossos pátios e fico me perguntando: como alguém sem estudos, num pequeno município, conseguiu criar uma empresa eleita a melhor do Brasil para se trabalhar no varejo e a segunda melhor empresa do Brasil, na categoria das grandes organizações, pelo *Great Place to Work* (GPTW)?

Além disso, a expressiva marca da Gazin, independentemente de onde atue, é a confiança que desperta em todo aquele que, de uma forma ou de outra, se relaciona conosco.

Frequentemente há pessoas do mercado financeiro oferecendo dinheiro com excelentes taxas para o Grupo Gazin. Fruto da nossa confiabilidade e pontualidade nos compromissos.

Eu até brinco com o pessoal, dizendo: "Atrasa uns pagamentos, para ver se eles param de oferecer dinheiro". E eles caem na risada, principalmente porque sabem que isso não faz parte da nossa postura e cultura organizacional.

Eu sempre segui e trabalhei com excelentes referências e bons exemplos de gestores e pessoas humanizadas antes e depois de montar a Gazin. Então, uma das minhas alegrias é também ter me tornado um exemplo a ser seguido em vários aspectos por muitas pessoas e, em especial, pelos meus filhos amados.

Depois que decidi me afastar de qualquer posição na empresa, situação que aconteceu dentro daquilo que eu planejei, mantive-me como acionista e passei a circular muito menos pela matriz ou mesmo fazer visitas às lojas. Apenas em situações muito específicas sou consultado pelo presidente-executivo ou pelos membros do Conselho de Administração.

Mas confesso que sinto muita falta desse contato e convívio com meus filhos amados. São limites que eu mesmo me impus, para me preservar mais com a idade.

Mesmo assim, eu não me entrego nunca. Apesar de ter reduzido a carga, circulo e faço minhas caminhadas pelo Centro-Oeste e Norte, e acompanho bastante a turma da Gazin nas viagens de lazer e nos eventos programados, tanto nacionais quanto internacionais.

ASSUMIR E ACEITAR O PAPEL DE EX

Gosto de frisar que saí da presidência executiva, uma decisão por mim tomada aos 60 anos e para ser oficializada aos 65 anos, mas formalizada aos 64 anos.

A partir da decisão, a cada dia eu me afastava um pouco mais da gestão do Grupo, demandando tarefas. Sofri bastante, porque eu passei o comando da empresa na ativa, com a mão quente, trabalhando em média dezesseis horas diariamente. Aquele que passa a direção da companhia com a mão fria não vai sofrer. Com a mão quente, o dono sofre, mas a empresa não.

Certa vez, assisti a uma entrevista do médico Drauzio Varella, comentando o alto grau de comprometimento dele com a carreira e o trabalho. Uma das partes que muito me marcaram foi: "Quando eu encerrar minha trajetória e parar de trabalhar, terão que colocar umas cinquenta pessoas no meu lugar no hospital". Eu me identifiquei com essa situação, até porque acredito que depois que eu saí da presidência isso aconteceu na Gazin: colocaram dezenas de pessoas no meu lugar.

Mas a leitura que eu fiz disso foi a de que talvez eu tenha centralizado demais a gestão da Gazin, retido nas minhas mãos muitas atividades e áreas da empresa. Ou seja, eu deveria ter deixado a carga da gestão mais leve, descentralizada, mantendo mais colaboradores pensando e produzindo, fixando-me mais nos pontos estratégicos.

Então, o fato de dizer que dezenas de pessoas o substituiriam talvez não lhe traga nenhum mérito, mostrando na verdade um erro estratégico. Tanto que, com os dois presidentes-executivos que me substituíram – o Osmar (Della Valentina) e o Gil (Gilmar Alves de Oliveira) , tivemos um significativo aumento de funcionários e a criação de muitos cargos de alta gestão e áreas de negócios. Isso traz ainda mais objetividade e agilidade na tomada de decisões no Grupo. Dos nossos milhares de funcionários, talvez metade não me veja mais como dono da Gazin.

Cada um dos meus sucessores agregou segurança, processos, controle, inovação e tantos outros fatores que nos transformaram numa das melhores empresas do país. Para isso, elevamos nossos números significativamente em todos os sentidos. Não se ganha dinheiro fácil, de um dia para o outro.

Prezamos e trabalhamos fortemente os aspectos da governança associada à inovação. Para nós, fica a convicção de que inovação sem governança é risco, e que governança sem inovação é atraso.

Num dos eventos internacionais de que participei há tempos, o presidente executivo do Walmart e do Sam's Club da época disse: "O fundador, Sam Walton, já falecido, certamente ficaria orgulhoso de mim, porque como CEO tripliquei o faturamento da organização. Em troca, fiquei careca, barrigudo, meu preparo físico não está lá essas coisas...".

Eu tinha essa antevisão da necessidade dessas mudanças, da ampliação do negócio e da inclusão de processos, mas sabia que não teria disposição ou mesmo forças para comandar tais iniciativas.

Conclusão: a Gazin se tornou um importante grupo brasileiro de empresas, é uma companhia solidificada financeiramente, possui uma estrutura admirável e ainda um amplo caminho a ser trilhado. Nosso foco é tornar a Gazin uma empresa centenária, data a ser comemorada em 13 de dezembro de 2066!

Nossa trajetória e nosso desempenho me orgulham muito. Há pontos a serem melhorados? Muitos! Tem gente na empresa que não se adapta ao modelo de gestão? Certamente! Isso faz parte do processo e, para reforçar: quem está na alta

Não contratamos pessoas para dizer a elas o que têm que fazer. Nós contratamos pessoas para que elas nos digam onde temos que melhorar.

gestão precisa sempre se preocupar com a saúde da empresa, mesmo que isso desagrade certos colaboradores.

Alguns me perguntam: "Se o senhor fosse o presidente da Gazin até hoje, teria alcançado resultados melhores ou piores do que seus sucessores?". E sempre respondo na lata: "Piores... muito piores. A empresa estaria amarrada, lenta e envelhecida. Estaria bem diferente do patamar alcançado".

O sucessor precisa trazer inovações e preservar a cultura organizacional da empresa, e o sucedido deve respeitar o fato de o comando ter trocado de mãos. Na Gazin, quando aconteceu o primeiro ciclo sucessório, particularmente eu entendia que algumas substituições na equipe deveriam ter sido feitas, mas respeitei a decisão do meu sucessor.

Quando eu completei 50 anos de idade, fizeram uma bela festa e um vídeo. Ao assisti-lo, observei que aquele Mário de 50 anos apresentava traços de envelhecimento. Tem gente que pensa que não vai envelhecer, mas o tempo passa, e a idade avança para todos nós.

Com isso, comecei a pensar na Gazin que, assim como eu, faria seus 40, 50, 60 anos de existência, mas, diferentemente de mim, não poderia envelhecer por dentro.

O corpo e a mente da Gazin, assim como os de qualquer empresa, precisam estar sempre jovens! E a sucessão, desde que bem-definida, é a melhor solução para isso. Independentemente daquilo que fazemos, todos nós temos um ou alguns sucessores.

Existem diversos modelos de sucessão de empresa, que podem ser feitos dentro ou fora da família, como aconteceu na Gazin.

“Inteligência é aprender com os próprios erros, e sabedoria é aprender com os erros dos outros!”

Augusto Cury

ESPELHO, ESPELHO MEU...

Durante a minha trajetória, pedi ajuda e orientação para muitas pessoas, assim como fui consultado por elas e por outros sobre como se portar em determinadas situações.

Tanto nos conselhos que recebi quanto nas orientações que dei, o que aprendi é que quem orienta faz seu papel de mentor ou professor, mas quem provoca a mudança, encontrando o melhor caminho e solução, é o ouvinte ou receptor das dicas e sugestões.

Eu posso nortear ou receber orientações de alguém, mas convertê-las em mudanças envolve o ato de aceitar e querer provocar transformações na vida e carreira.

Isso está bastante claro para mim, tanto que mandei colocar um espelho enorme no banheiro do meu escritório. Depois disso, a cada um que chega para pedir amparo e conselho, eu dou as minhas opiniões e digo: "Agora quero te apresentar um amigo. Confio tanto nele que garanto que irá te ajudar a encontrar a melhor solução".

A fisionomia da pessoa se anima. Aí me levanto e a levo até o banheiro. Quando estamos com as nossas fisionomias refletidas no espelho, eu olho e digo: "Quero te apresentar o(a) .... (e digo o nome dele(a)). Vou deixar vocês conversando por dez minutos". Feito isso, encosto a porta e saio.

Passado o tempo definido, a pessoa volta à minha sala: uns chegam chorando, outros seguros e convictos de que conseguem resolver a situação, mas tem quem diga que não há remédio ou mesmo disposição para mudar.

Os fortes mudam; os mais fracos optam por desistir, pois não têm coragem de mudar.

ESPIRITUALIDADE É A BASE

A religião é o nosso norte. Por meio dela despertamos nossa fé e o amor a Deus. Nasci em berço católico e pratico e cultivo a fé.

Religião é um tema sobre o qual não cabe discussão. Todos os caminhos religiosos levam a Deus, e é isso que importa. Ser religioso é uma vocação; ajudei a formar três padres e dois pastores.

Não há sentimento mais profundo do que o amor a Deus, poder conversar com Ele e agradecer, pedir perdão e que as bênçãos aconteçam na nossa vida.

Podemos ficar sem comer e beber, mas não sem fé. Eu rezo e converso com Deus diariamente. Espero que os jovens entendam o quanto antes a importância da religião em nossa vida.

NASCI, VIVI E CRESCI VENDEDOR

"Mário, se você *não fosse varejista, seria o que na vida?*".

Essa é uma pergunta que sempre me fizeram. Mas minha vocação está em vender e, portanto, a resposta é: "Eu seria vendedor". Eu nasci para vender e me considero um bom gestor e vendedor.

Quando abri a Gazin, fazia as vendas em Douradina e Umuarama. Criamos um modelo de consórcio de televisores de 32" e antenas parabólicas, que custavam bem caro. Eu vendia para todo mundo – na loja, na rua, em outros comércios e nas casas. Mas, com o passar do tempo e a produção em alta escala, o preço caiu.

Tantos anos depois, passamos a ter os consórcios como um dos nossos produtos da área de serviços e de grande destaque no Grupo e respeitabilidade no mercado.

Vender é uma arte! De cada cinco pessoas no mundo, quatro são vendedoras e, destas, uma é vendedora de ponta! Nosso time comercial é composto de grandes feras nas lojas, no atacado, no consórcio, na indústria... gente disposta a elevar os resultados e a bater metas. E o resultado é compensador.

Vale ressaltar aqui uma importante parceria: a da indústria, fabricante das mercadorias e produtos, e do varejo, presencial ou virtual, responsável por negociar aquilo que é produzido no mercado.

Ainda sobre vendedores, outro dia me ligou um sujeito e disse: "Seu Mário, o senhor não quer comprar uma fazenda?". E explicou onde estava a propriedade. Eu conhecia aquelas terras e perguntei o preço. Ele falou, e eu respondi: "O preço está caro". E ele simplesmente disse: "Ah, então tá bom. Tchau, seu Mário". O sujeito desligou sem negociar! Desistiu no primeiro "Não"! Desculpe, mas ele não é vendedor.

Desde que montei a Gazin, nunca abri mão de vender com rentabilidade, com lucro. Nem sempre eu tinha o preço mais barato, mas os clientes priorizavam comprar comigo. A loja era quente, sem forro, feia, mas o povo preferia comprar conosco.

Mário Gazin nos tempos de infância.

Imagem da primeira loja Gazin, inaugurada no município de Douradina (PR), em 13 de dezembro de 1966.

Algumas das primeiras lojas Gazim, que depois teve o nome alterado para Gazin – filial de Eldorado (MS).

Filial de Mundo Novo (MS).

Desde o início da Gazin, Mário ajudava a carregar e descarregar as mercadorias nos caminhões.

Mário no jipe que atolou, e que o fez levar a filha Valéria ao hospital no colo e andar por mais de 40 quilômetros para socorrê-la.

Mário almoçando com a filha Valéria.

Mário com os filhos Adriano (à esq.) e Marcelo.

Mário com os companheiros e a Brasília amarela do irmão Jair, que ele utilizava para viajar.

O velho e bom caminhão Mercedes--Benz 1111, apelidado de "Cascudo".

Turma do Cursilho da igreja de Umuarama, da qual Mário Gazin participava.

Frota de caminhões prestadores de serviço da Gazin, nos anos 1990.

Dificuldade de trafegar com caminhões pela BR 163, nos anos 1990.

O intenso movimento das estradas por onde circulavam, e ainda circulam, os caminhões da Gazin.

Mário Gazin com parte da equipe de colaboradores.

Mário no estande da Gazin, que participa e expõe seus produtos em diversas feiras.

Mário apresentando alguns dos produtos comercializados na época pela Gazin.

Mário durante confraternização com um grupo de colaboradoras da Gazin.

Mário Gazin reunido com gerentes das filiais, na década de 1990.

Foto aérea do município de Douradina (PR), em 2012.

Mário recepcionando um grupo de convidados na sede da Gazin, na década de 2000.

Mário compartilha sua trajetória e a da Gazin por meio de palestras realizadas por todo o Brasil.

Os irmãos e acionistas Antonio (Doia, à esq.), Maria Aparecida (Cidinha), Jair, Rubens e Mário Gazin.

A tradicional "Janta do Seu Mário", evento em que o empresário faz questão de cozinhar e servir os convidados.

Mas eu dava total assistência. Por exemplo, eu vendia antena parabólica e instalava. Entregava geladeira com jogo de pés, algo que ninguém fazia. Com isso, na compra seguinte, o cliente ia na Gazin.

Tem gente de Rondônia, Mato Grosso e de tantos lugares que montou a casa quando se casou, há muitos anos, e até hoje essas pessoas e seus familiares são nossos clientes.

Tenho também olhar clínico para descobrir talentos, como aconteceu quando fui comprar pilha em Camapuã (MS). Era uma lojinha pequena, mas a moça foi muito atenciosa e disse: "A pilha o senhor veio comprar, agora além dela eu preciso lhe vender algo". E começou a oferecer farolete e os outros dois produtos que eu já tinha, até que me interessei pela forma de silicone para assar pão de queijo. Comprei a peça. E não é que eu a vi dias depois trabalhando num restaurante? Pensei que ela tinha saído da loja, mas na verdade era um segundo emprego. A moça ganhava R$ 1.500 em cada trabalho. Não tive dúvidas: levei-a para a Gazin como vendedora, e logo ela passou a ganhar R$ 7 mil por mês.

Num outro local, observava com atenção a funcionária da loja de conveniência de um posto de combustíveis. Nunca me atendeu, mas eu sempre a via correndo, agitada, atenciosa e prestativa para deixar tudo em ordem e atender os clientes. Pois a gerente daquela região me disse que precisava contratar vendedor. Levei-a no posto, e ficamos observando o desempenho da moça. Não deu erro; foi contratada e saiu-se muito bem, fazendo um salário de R$ 8 mil a R$ 9 mil por mês.

No passado, nos anos 1990, só do Banco Bamerindus, tirei quatro funcionários em noventa dias. Entre eles estava o Osmar Della Valentina, que me sucedeu na presidência executiva do grupo. Um amigo meu, o Mário Fernandes, costumava dizer: "Gente pronta dá dinheiro!".

Apesar de eu ter destacado o vendedor, registro que assim como é importante saber vender, é decisivo saber comprar. Nossas lojas estão recheadas de excelentes produtos, e constantemente fazemos mudanças internas na disposição das mercadorias. Dá a sensação de novidade, as lojas ficam mais bonitas, e os clientes se sentem estimulados a comprar; praticamos isso há mais de cinquenta anos.

Ainda sobre compras, em 1994 estive pela primeira vez na Itália, onde visitei a Parmalat, para conhecer o modelo de sucessão da empresa. Nossa *holding* foi baseada pelo menos em 30% na estrutura da Parmalat.

Lembro-me de que, certa vez, conheci o José Alberto, empresário espanhol que tinha uma fábrica na China. Ele queria montar uma indústria comigo no Brasil, mas o projeto não andou, embora cultivemos a amizade.

Levei-o para conhecer a Gazin e, ao final do *tour*, ele me disse: "Mário, sua empresa é diferente. Em que você se baseou para atuar nesse formato?". E respondi: "Conheci, estudei e absorvi aquilo que entendia que fazia sentido ao nosso estilo de algumas empresas da Itália, Japão, França e Chile. Nosso escritório tem por base a sede da Panasonic, em Tóquio".

Quando observo algo importante e que pode ser bem adaptado à Gazin, converso com o responsável pela área, para que também estude o caso e, se fizer sentido, implante na empresa.

Por exemplo, quando fiz o Cursilho da Cristandade da Igreja Católica, iniciávamos os estudos com reza; entendi ser aquilo tão importante que adaptamos na empresa. Pois na Gazin nosso dia se inicia com o Pai Nosso na matriz e em todas as nossas unidades.

Também quando estive num evento em São Paulo, observei que, em vez de parar o evento e servir café da manhã, *coffee break* matutino, almoço e *coffee break* vespertino, havia carrinhos distribuídos pelo local com sanduíches, frutas, café, suco, água e outros alimentos; copiamos, tanto que os nossos eventos não têm mais *coffee break*, mas sim mesas ou carrinhos espalhados pelo ambiente.

Na Itália fiquei hospedado em Campodoro, a uns dezesseis quilômetros de Padova. Como eu queria aprender a falar italiano, coloquei-me à disposição para trabalhar numa loja de móveis e, assim, poder conversar com a clientela.

Observei que o dono, que era o comprador, não negociava o preço. Os fornecedores apresentavam os produtos, e ele fechava pelo valor de tabela. Fiquei incomodado com aquilo e pedi ao dono da loja permissão para assumir as conversas com os vendedores.

Na negociação com o primeiro representante que atendi, de uma indústria de eletrodomésticos, consegui 8% de desconto. Com o segundo, vendedor de CDs de música da Sony, reduzi o preço em 6%. Pois o homem ficou transtornado e dizia:

"Eles me vendem há anos e nunca me deram um desconto". E fiquei pensando: "Mas também, o senhor nunca pediu...".

O horário de funcionamento do comércio era estranho: abria entre 6h e 9h, depois fechava e reabria das 15h às 21h.

Quem me hospedou foi o Aldo Lorijola, mas o tio dele, o Aldo "Velho", me levou para conhecer a Faculdade de Padova, onde era reitor. Ali conversei com muita gente, e o que eles mais queriam saber sobre o Brasil era: "Como vocês conseguem viver com inflação"? Realmente, valia a dúvida, pois havíamos passado pelos governos do José Sarney e do Fernando Collor, com inflação altíssima. A minha resposta para eles foi: "Precisamos trabalhar ainda mais para vencer a inflação".

Queriam também saber se o Brasil conseguiria um dia se equiparar à Itália. Eu disse que levaria uns trinta anos. Com o tempo, a Itália viveu muitos problemas políticos e econômicos, e acredito que minha previsão se confirmou.

Eu viajei bastante e conheci diversos países. Posso afirmar que a Gazin teria dado certo em qualquer lugar do mundo. Qualquer país tem crise e felicidade, que é a base do varejo. Apesar do desconforto e da recente discussão sobre a taxação dos produtos brasileiros, que ficou popularizada como "tarifaço", os Estados Unidos sempre nos ensinaram bastante. Em qualquer lugar é possível aprender: América, Europa, Ásia, África etc.

Um ponto que me desagrada muito no Brasil é a visão de "bandido" e "oportunista" que tentam associar aos empresários. Nós pagamos salários, 13º, 14º, oferecemos planos de saúde e tantos outros benefícios. A grande maioria tem a predisposição de ajudar, empregar e gerar riqueza.

Sou um grande admirador do agronegócio, que eu chamo de "indústria a céu aberto". O fator determinante da safra é o clima: tem sol, chuva, temporal.

E na hora de aumentar a carga tributária, em qual porta o governo bate? Na dos empresários…

"NO LIMITE COM MÁRIO GAZIN"

Uma das ideias que tive ainda nos anos 2000, e que foi bem trabalhada com o pessoal de Recursos Humanos, foi o programa *No limite com Mário Gazin*, que internamente passamos a chamar de *Treinamento vivencial "No Limite com Mário Gazin"*.

Procurei adaptar o projeto com base naquilo que eu já tinha vivenciado, como nos retiros e acampamentos da igreja, assim como numa tarefa de superação que fazíamos em Douradina, da qual participavam várias pessoas que se suplantavam nas atividades apresentadas, muitas delas numa terra de barro mole ou na lagoa.

Usei também o conceito das matérias que tivemos quando cursei Administração de Empresas como ouvinte, já que não tinha me formado nas etapas anteriores, para poder ingressar na faculdade como aluno regular.

Um dos nossos professores nos deu uma folha de sulfite e um monte de papeizinhos para serem nela colados, dentro da disposição determinada por ele. Dos 45 alunos, ninguém completou o exercício. Levamos nota zero. Pedi a palavra e disse: "Tem algo errado. Não há como colar todos os papeizinhos na folha". E o professor respondeu: "Se você se mantiver dentro da folha de papel, não vai conseguir mesmo. Abra a sua mente, pense fora da caixa e da folha". Achei aquilo sensacional e, para participar do *No limite com Mário Gazin*, a pessoa precisa realmente pensar fora da "folha" ou da "caixa".

O nosso projeto acontece durante dois dias em uma das minhas fazendas e reúne, em média, 120 funcionários oriundos das unidades da Gazin de todo o Brasil. Temos boas acomodações.

O programa passou por diversas adaptações e transformações nos últimos anos e aborda aspectos como engajamento, colaboração e trabalho em equipe, autoanálise e superação de limites. Ele se desenvolve por meio de técnicas vivenciais praticadas ao ar livre e que simulam os desafios enfrentados no dia a dia do trabalho e da vida pessoal. São experiências que resultam na mudança de hábitos e na superação, fortalecendo o propósito de cada participante.

No primeiro dia, depois do café da manhã, acontece o contato inicial entre o pessoal no "Barracão", um tipo de salão onde são feitas as apresentações, e já começa a montagem dos times. Os próprios participantes definem os nomes das equipes, os gritos de guerra e a cor de preferência, identificada por um colete.

Cada grupo tem seu "facilitador", que funciona como coordenador e atua dentro das regras preestabelecidas. Tudo é pensado para que se possa reviver, no evento e nas atividades, o conceito das lojas, onde os erros individuais podem comprometer o desempenho de toda a equipe; em contrapartida, os acertos elevam os resultados.

Ainda no primeiro dia, são realizadas as provas de resistência, chamadas de "vivências", com aspectos que se assemelham aos conceitos de negociação e relação com os clientes, trabalho em equipe, cultura organizacional Gazin, superação, técnicas relativas a vendas, enfrentar e vencer os medos e as dificuldades, entre outros. Tudo está relacionado às práticas do dia a dia, por meio da autoanálise das escolhas e da tomada de decisões pessoais e profissionais.

Ao final, as equipes voltam a se reunir no "Barracão", e todos se posicionam sobre a experiência vivenciada e os aprendizados adquiridos. É um momento de grande emoção e reflexão, onde eles cantam, dão seus gritos de guerra e pronunciam frases de efeito.

A parte de encerramento envolve duas dinâmicas: "Deserto" e "Fogueira". No "Deserto", os participantes recebem duas folhas de papel e caneta, e fazem uma profunda reflexão em cinco etapas: infância, adolescência, juventude, fase adulta e velhice.

Numa das folhas, cada qual relembra como foram esses períodos e anota as boas lembranças, os desejos e os planos a serem cumpridos no futuro. Também já projeta como gostaria de viver as etapas que estão por vir. Na outra são registrados medos, angústias, traumas, temas que envolvem perdão, e assim por diante. Ao final, os papéis são queimados na segunda etapa, a da "Fogueira", onde essas lembranças são apagadas como forma de trabalhá-las dali por diante.

No segundo e último dia, tudo começa novamente no "Barracão", onde eles oram, tomam café da manhã, assistem a palestras e se submetem, de maneira alternada, a um circuito de provas. Nessa etapa, cada equipe trabalha determinada fase, definida pelo tempo de execução do desafio e pela partilha, que é a discussão entre eles sobre a atividade.

Após a finalização do circuito, todos se reúnem no momento tido como de "recompensa", ou seja, o jantar de finalização, no qual os vencedores sao bastante festejados.

Eu sempre afirmo que, como todo jogo e disputa, precisamos definir um campeão. Mas é uma experiência tão rica que não há perdedores; todos que participam são vencedores.

Gosto muito de conversar com eles na noite de encerramento, para sentir o clima e as lembranças que cada um irá levar consigo. Basicamente, os relatos são de uma grande experiência de muito aprendizado, com o fortalecimento do trabalho em equipe, a superação dos medos e desafios e o respeito às regras.

Acesse e conheça o *Treinamento Vivencial "No Limite com Mário Gazin"* pelo QR Code abaixo:

CAPÍTULO 2

DESENVOLVIMENTO DO PROJETO

A VERDADEIRA RIQUEZA, O VERDADEIRO SUCESSO

SE VOCÊ SAIR POR AÍ perguntando "O que é riqueza", na grande maioria dos casos irá ouvir: "É ter dinheiro".

A forma de pensar de parte das pessoas associa riqueza ao dinheiro. Mas, se me fizessem essa pergunta, eu diria que a saúde é a maior riqueza. Temos que valorizar a vida.

Outra riqueza é amar e conviver com a mãe e o pai. A família é mais uma grande riqueza; o amor dos filhos e a nossa dedicação a eles. Lembro-me que na infância a minha filha Valéria vivia doente, com muitos problemas de saúde. Pois, certa vez, eu a levei para o hospital, e o carro, um jipe, atolou durante o trajeto, na subida da Lagoa dos Patos. Não tive dúvidas: peguei-a no colo e andei mais de quarenta quilômetros, umas quatro horas até o destino. É um ato de amor, entrega e doação de um pai.

Os irmãos são outra riqueza; os amigos, também. Sabe por que essas são grandes riquezas? Porque, independentemente do volume de dinheiro que você tenha, não poderá comprá-las.

O dinheiro permite outras conquistas, mas acredito que a maior delas é a geração de riqueza. Digo isso com enorme orgulho, por termos mais de 13 mil funcionários diretos e provermos milhares de empregos indiretos. Essa riqueza gerada vira, para cada um deles, casa própria, carro, imóvel na praia, fazenda, faculdade, viagens etc. Faz a economia circular.

Quando minha mãe ainda era viva, eu sempre dava um dinheiro para ela poder se divertir um pouco. Pois a dona Laurinda aproveitava e ia para o Paraguai, que fica a umas três horas de Douradina, e dizia: "Vou almoçar no exterior. Gosto de ir a lugares diferentes", e eu me divertia com isso.

Na mesma linha dos equívocos está o conceito de sucesso. Isso vale para qualquer um de nós: em vez de buscar ter sucesso, objetive criar valor. O sucesso é diferente, seria como uma escada em que se chega ao último degrau; é o fim da linha: passa e acaba. Já o valor se perpetua.

Acredito que uma das nossas ações de valor seja não promover demissões em tempos de crise. Há muitos anos, vivíamos uma crise, e existia um clima de insegurança entre o nosso pessoal; foi quando assumi esse compromisso em cartório. Nem mesmo nos tempos de pandemia demitimos aleatoriamente.

Na Gazin, o funcionário só é demitido se fere a ética e os valores da empresa, ou quando se nega a assumir uma função em outro setor ou rejeita uma mudança de município ou estado.

É triste ver que, na mentalidade de muitas empresas, o primeiro ponto de redução de custos é cortar funcionários. Um grande erro, pois o colaborador tem que estar sempre motivado e se sentir seguro.

Mantenham a humildade e não se encantem com o supérfluo nem deixem que isso mude a sua essência. O dono pode ficar velho, mas a empresa, não. A empresa é como uma criança, que nasce todo dia e precisa de cuidados.

PERSEVERE NA META

Um dos momentos difíceis que vivemos aconteceu na primeira metade dos anos 2000. Eu queria vender R$ 10 milhões por mês e fechar o ano com R$ 120 milhões de faturamento. Mas não havia como alcançar essa projeção. Batíamos R$ 9 milhões em um mês e um ou outro passava dos R$ 10 milhões.

Naquele período, comentei isso com um professor amigo, da Faculdade de Umuarama. O que ele disse foi assustador: "Mário, as empresas familiares crescem rápido, batem no forro e, como não têm força para passar, caem".

Entrei em desespero. Fiquei quarenta dias sem dormir, me alimentava mal e emagreci bastante. Eu achei que ia quebrar a Gazin. Mas aí me deu um estalo e comecei a escrever "10" onde podia: no velocímetro do carro, no vidro do banheiro, fiz um crachá onde estava escrito "10" e pendurei no peito, escrevi na cueca, no lenço, na carteira, em todo lugar.

Depois de uns quatro meses, batemos R$ 10 milhões por mês. Deu certo. Então, aumentei a meta e passei a escrever "R$ 12.500.000". Daí em diante, seguimos muito bem e com consistência, mas, na hora de bater R$ 50 milhões por mês, travou de novo.

Marquei uma visita ao senhor Samuel Klein, fundador da Casas Bahia. Ele me ouviu e depois disse: "Mário, esse é um número amaldiçoado; também sofri para fechar R$ 50 milhões por mês. Tenha um pouco de paciência porque, quando bater essa meta, logo você ultrapassará a marca dos R$ 600 milhões de faturamento por ano".

Agradeci muito pelas palavras, e isso realmente aconteceu. Depois dessas passagens, nunca mais "emperramos" no faturamento. Como comprovação, em 2025 definimos como meta mensal R$ 907 milhões, mas teve mês em que passamos de R$ 1 bilhão de faturamento.

A TENSÃO, UMA BOA ALIADA

A tensão tem que fazer parte do negócio e da nossa vida. Ela é parceira do problema. Para quem empreende, como nós da Gazin, ou atua em postos de liderança, o número de problemas é grande. Imagine quantas dificuldades e situações de tensão vive uma empresa com mais de 450 unidades de lojas e negócios, mais de 13 mil colaboradores e milhões de clientes. Para vencer esses desafios, é preciso negociar com a tensão, ter paciência. Nessas horas é natural que haja discussão, o tom da conversa pode subir.

Mas, depois que tudo entra na normalidade, dá uma sensação gostosa, de paz, tranquilidade e confiança.

Se a tensão é parceira do problema, meu companheiro para essas horas é um pé de jabuticaba lá na entrada da minha casa. Naqueles dias mais carregados, eu paro ali e deixo meus problemas, não levo para dentro de casa. Fico bem mais aliviado, embora pense nas possíveis soluções. E quando saio, paro no pé de jabuticaba novamente e retomo os problemas que, de alguma forma, precisam ter solução.

Também como no caso da Gazin, que vive a segunda gestão de um presidente-executivo contratado e que não carrega o sobrenome da família, ele é quem vive a maior das tensões, pois está ali para dar excelentes resultados e resolver problemas, abrir áreas de atuação... enfim, fazer a "máquina" funcionar!

Com a sucessão, acredito que alcançamos o objetivo: deixar a empresa menos Mário e mais Gazin. Tanto o antecessor (Osmar) quanto o presidente atual (Gil) vêm desempenhando com grande sucesso seus modelos de gestão. Eles também souberam preservar e trazer boas adaptações à nossa cultura organizacional e à nossa linguagem Gazin, processo introduzido no Grupo pelo Lauro Sakai que padroniza a comunicação entre todos da empresa.

Gostamos de novidades. Somos bastante atentos e observadores. Quando percebo uma iniciativa que pode interessar, repasso ao responsável pela área. Já aplicamos de imediato algo que passamos a conhecer e entendemos ser viável para o Grupo, mas é preciso avaliar se, em alguns casos, é a hora certa. Tudo isso acontece por estarmos constantemente em busca da excelência e do melhor para a Gazin.

Nosso principal professor é o cliente. Nós da Gazin temos milhões de "patrões", e todos os nossos esforços são para levar a eles a melhor experiência de compra; preocupamo-nos com o processo de venda, pós-venda e em tornar reincidentes as compras dos clientes.

Um dos casos que gosto de contar, e que o cliente me deixou um grande ensinamento, aconteceu em 2000 com uma importante rede de lojas do Rio Grande do Sul, que eu visitava com o nosso representante local para vender colchões. Contratamos até um excelente representante, que tinha boa abertura com a rede.

No setor empresarial, se os gestores conseguirem ter um mínimo de previsibilidade e de programação, isso pode beneficiar a sobrevivência das empresas.

Visitamos o cliente por diversas vezes, e nada de sensibilizá-lo. Nosso representante até escreveu num papel e entregou a ele: "Se você não fizer pedido, não teremos dinheiro para voltar para casa". Pois o homem riu, pagou as nossas hospedagens, mas nada de comprar.

Depois de mais algumas visitas, dei o xeque-mate: "Vou mandar um caminhão de colchões de cortesia, para você conhecer os nossos produtos e constatar o desempenho de vendas nas lojas". Ele aceitou, montou a grade e, quando chegamos em Douradina, já tinha reforçado o pedido com mais dois caminhões.

Resumo da história: ele aguardava que nós o cativássemos como cliente, e não simplesmente iniciássemos uma relação comercial. Ele não queria preço baixo, mas sim ser conquistado e que o fornecedor investisse na empresa dele. Aquele caminhão bonificado abriu uma rede de centenas de lojas que é nossa cliente há mais de 25 anos.

Também tenho compromisso verbal assumido com os meus clientes do atacado e da indústria de colchões de não abrir lojas em Santa Catarina, Rio Grande do Sul, São Paulo, Minas Gerais, Bahia, Paraná – estado em que temos loja apenas no município de Douradina, local da nossa sede – e Tocantins, onde mantemos algumas poucas unidades que ficaram do passado.

Embora não haja nada contratual, não temos lojas no Espírito Santo, no Ceará e em alguns outros estados. O Brasil tem muito espaço, mas no Nordeste não pretendemos abrir filiais; o foco é atender os clientes de colchões e do atacado.

O que vende na loja não é o tamanho, mas a gerência e a equipe montada. Nós preparamos e qualificamos nossos gerentes com cursos ministrados na matriz: se a loja vende R$ 2 milhões, começamos a prepará-los para uma loja de R$ 3 milhões, e assim por diante. Nas lojas menores, no caso de saída ou promoção do gerente, gostamos de promover alguém do time de vendas para o cargo.

CONHECER HÁBITOS E CULTURAS DIVERSAS

Viagens! Adoro viajar, conhecer lugares, a cultura e a gastronomia local. Toda viagem é proveitosa, e já visitei mais de 34 países, mas as que mais marcam são aquelas que faço pelos países latino-americanos.

Tenho por hábito pegar o carro e, acompanhado por alguns amigos, percorrer milhares de quilômetros por várias regiões do nosso continente.

Lembro-me com carinho de uma viagem que fizemos para o Chile por volta de 2015. Estava tudo programado para irmos em quatro na minha caminhonete, mas em cima da hora os três cancelaram.

Estava decidido a ir sozinho, já tinha tudo certo e planejado. Mas rapidamente meu sobrinho Bruno Sossai topou fazer a viagem. Era um trajeto pesado: sair do Paraná e de lá ir para Uruguai, Argentina e Chile.

Fazia bastante frio. Nossa primeira parada foi no Uruguai, onde dormimos e visitamos vários lugares e vinícolas por três dias.

O presidente da época era José 'Pepe' Mujica, o quadragésimo a ocupar o posto. Em 2013, aprovou a liberação da venda de *cannabis*, a maconha, dentro de certas regras estabelecidas pelo governo. 'Pepe' Mujica doava 90% do salário para instituições de caridade, dirigia seu Fusca 1987 e morava em uma modesta chácara; ele faleceu em 13 de maio de 2025.

Próxima parada: Buenos Aires, na Argentina! Foram dois dias bem agradáveis, e de lá rumamos para a terra do vinho, Mendoza, centro de enoturismo na região. Viajamos por quase dois dias em meio ao frio e fomos parados pelo policiamento por duas vezes. Mas subimos as Cordilheiras dos Andes, almoçamos num delicioso restaurante e ficamos ali por mais dois dias.

Na sequência, novo destino: sul do Chile. Rodamos 2 mil quilômetros e foram mais dois dias até chegar lá. Depois, seguimos para a Ilha Grande de Chiloé, um lugar especial. Ficamos em dúvida, mas decidimos rodar mais uns 3 mil quilômetros até Iquique, cidade portuária localizada ao norte do Chile. Passamos por Santiago, Valparaíso e Viña del Mar.

Circulamos por trechos muito ruins na estrada. Fomos também ao deserto do Atacama, onde conhecemos a famosa *Mano del Desierto*, ou "Mão do Deserto", escultura de doze metros de altura do artista chileno Mario Irarrázabal, inaugurada no início dos anos 2000.

Finalmente, chegamos em Iquique, cidade à beira-mar, situada a oeste do deserto do Atacama. Ali opera uma área de portos isenta de impostos, onde funciona uma zona franca. Ficamos hospedados num bonito hotel e jantamos num bom

Não sei dizer se o mundo está mais chato, mas creio que esteja mais dinâmico e tenso.

restaurante. Como vínhamos comendo peixes e frutos do mar há dias, optamos por carne. Comemos muito bem e tomamos duas garrafas de vinho. A má notícia veio na hora da conta: uma fortuna!

Estávamos próximos ao Peru, cuja entrada estava a uns oitenta quilômetros dali. Passamos maus bocados, pois celular e GPS não funcionavam naquela área. Havia revista na fronteira, para checagem de porte de drogas.

Passamos ilesos, arrumamos um mapa e saímos em direção ao Brasil. Sofremos, pois não havia bons hotéis ou restaurantes; preferimos até dormir na caminhonete. A estrada era muito ruim também, com várias curvas. Em alguns trechos, levamos mais de duas horas para percorrer vinte quilômetros.

Assim que chegamos ao Brasil, passamos por diversos municípios: Assis Brasil, Rio Branco, Porto Velho... e descemos até finalmente chegar em casa, Douradina. Foram quase 25 dias e mais de 13 mil quilômetros percorridos. Mas confesso que encarar uma viagem dessas em dois é complicado, pois se um desanima durante o trajeto, 50% do "grupo" esmorece.

Em setembro de 2025, registro também que iniciamos em dois carros uma viagem maravilhosa e num grupo grande, com vários funcionários da Gazin: Alessandra Guerra de Souza, Gezita Hukelika da Silva Pereira, Jaime de Souza Campos, Evaldo Barbosa Cavalcante, Rozineide de Souza Santos Paiva, Keno Carlos Pratis de Oliveira, Luciano Martins Barbosa, e Valdir Eva de Oliveira.

Partimos de Douradina e fomos subindo para o Norte do país, pegando mais um pessoal até chegarmos em Assis

Brasil, no Acre. De lá, nosso trajeto foi pela região montanhosa peruana até Lima, a capital. Seguimos então pelas costas banhadas pelo Oceano Pacífico, até um trecho do Chile. Entramos pelo deserto do Atacama, e passamos ainda por trechos da Argentina, Bolívia e do Paraguai, até chegarmos no meu destino final, em Porto Murtinho, no Mato Grosso do Sul, onde desembarquei.

Foram 24 dias de viagem e milhares de quilômetros de muita animação e aprendizado, conhecendo ainda mais os hábitos e costumes da culinária e cultura das regiões pelas quais percorremos.

Em outras viagens rodei também por Bolívia, Colômbia, Panamá, México, Venezuela e Paraguai, um país de bons vendedores e economia em alta.

Em relação à América do Norte, particularmente sou mais o Canadá do que os Estados Unidos. O Canadá me parece ser mais estável e até avançado, lá se falam vários idiomas, o francês e o inglês são línguas locais, mas existe o problema do frio. De todo modo, acredito ser também mais democrático, seguro e tranquilo para se viver do que os Estados Unidos.

Estive ainda em Cuba, um mundo diferente, com comunismo radical e violento. Mesmo como turista, é possível observar esse traço político. Nós vendemos colchões para Cuba, onde a moeda estrangeira que mais se pratica é o euro, pois o dólar sofre taxação.

Apesar do conteúdo controverso e questionado por muitos, sugiro que você leia *O livro negro do comunismo: crimes, terror e repressão*. A obra, coordenada por Stéphane Courtois, junto a outros historiadores e acadêmicos, vendeu mais de 1 milhão de exemplares e foi traduzida para 26 idiomas.

O foco é uma visão anticomunista coletiva de professores e pesquisadores universitários europeus, ao abordarem a realidade de países com governos comunistas, incluindo União Soviética, China, Cuba, Camboja, Coreia do Norte, entre outros. Além de apresentarem as estimativas de mortes, eles analisam as causas e os métodos utilizados por esses regimes para manter o controle sobre as populações. O livro tem em torno de mil páginas, e eu li em duas semanas. Quando estive em Cuba, o irmão do Fidel Castro, Raúl Castro, era o presidente.

Antes de seguir com as viagens, aproveito para indicar também a leitura da obra *Fuga do campo 14: a dramática jornada de um prisioneiro da Coreia do Norte rumo à liberdade no Ocidente*. O Campo 14 é um dos imensos complexos destinados a presos políticos da Coreia do Norte, onde os detentos trabalham até quinze horas por dia, com fome e frio, sujeitos a uma rotina de violências sumárias – e de onde é impossível fugir. Contudo, o prisioneiro Dong-hyuk supera todas as dificuldades, consegue escapar da Coreia do Norte e, mesmo com marcas do passado, parte em busca de conhecer a vida que se leva no Ocidente.

Visitei também a China e a Rússia, países onde é difícil haver democracia, devido à elevada quantidade de pessoas. A China tem um comunismo capitalista muito bem administrado, e lá se trabalha muito. É um belo país, mas no interior se vê muita pobreza.

Eu amo o Brasil e o povo brasileiro: sempre alegre, trabalhador, feliz e otimista. Essas são características básicas para se empreender, e fico muito orgulhoso do nosso povo e do nosso país empreendedor. E garanto: empreender vale a pena!

Abro aqui um parêntese para a Austrália, uma riqueza em vários aspectos, habitada por pessoas inteligentes. É a cereja do bolo. Cheguei a visitar os aborígenes.

Dentre os países que conheci, destaco ainda a Escócia, envelhecida e cara, mas lá conheci dois brasileiros ganhando um bom dinheiro vendendo sanduíches de linguiça. A Áustria não apreciei muito, especialmente pelo idioma difícil e por sentir que os moradores rejeitam os turistas.

Há países maravilhosos: França, Espanha, Itália, Alemanha, entre outros.

Os Estados Unidos são o berço da industrialização. Recebem o mundo e têm uma economia de alta escala. A arquitetura é maravilhosa e Chicago e São Petersburgo são incríveis. Aprecio a economia americana; são rápidos e objetivos e sabem se relacionar, fazer *networking*.

Em relação ao Brasil, viajei muito do Oiapoque ao Chuí, mas alguns estados eu não conheço a fundo. No Piauí, só estive na capital, Teresina; no Rio Grande do Norte, visitei apenas Natal. O território brasileiro é muito grande, e quero também investir mais em conhecer algumas partes do nosso país.

Quanto ao mundo árabe, apesar de se falar maravilhas, pela beleza local, não tive vontade de me aventurar por lá.

DIFERENÇAS

Como já afirmei, gosto de conhecer pessoas, países e seus modos e costumes de vida. Aprendemos com as diferenças. Países exóticos deixam grandes aprendizados.

A leitura é outra forma de conhecer as diferenças, em especial, as culturais. As pessoas têm dificuldades de lidar e de se adaptar às diferenças! Parece que elas precisam estar claras. Nas etnias tribais da Etiópia, por exemplo, cada uma utiliza um modelo de gorrinho, para destacar à qual delas o integrante pertence.

Mas é preciso registrar que as diferenças são importantes, necessárias e transformadoras!

Quando eu vou a uma festa ou um evento, procuro estar ao lado de pessoas que não conheço, que não são do meu círculo de relacionamento. Entendo que conhecer gente e trocar ideias é altamente enriquecedor.

Aprendi que se você não está presente, não é lembrado e não aproveita a oportunidade. Não pode ter preguiça de sair e ficar fora de casa, de viajar… Tem que estar aberto às possibilidades e oportunidades!

Nós, brasileiros, temos culturalmente a dependência como uma característica forte. E isso, apesar de danoso, se reflete em vários aspectos. Os nossos jovens demoram para cortar o "cordão umbilical" dos pais. Mesmo tendo condições financeiras, preferem viver na proteção da casa da família, em vez de se aventurarem e construírem a própria vida. Esse é um fator que difere bastante de outros países.

Mais um ponto de destaque é a privacidade. Quase não temos ou respeitamos a privacidade alheia. Com as mídias sociais então… Nos Estados Unidos e na Inglaterra, há limites na relação familiar. Um deles é o de não entrar num quarto sem bater na porta e pedir autorização. Esse é um costume dos países anglo-saxônicos, onde os jovens na fase adulta costumam sair de casa para morar sozinhos. São países que respeitam a privacidade e encurtam a dependência, bem diferente do que ocorre nos países latinos.

Acredito ainda que, em relação às diferenças, algumas das nossas características da infância possam definir o nosso perfil da fase adulta. Eu costumo perceber nas crianças o quanto elas são observadoras e questionadoras.

Ser observador e questionador desenvolve a curiosidade de aprender, de conhecer o novo. Acredito que essa seja uma característica das pessoas independentes, como é o meu caso.

Quando cheguei aos 50 anos de idade, fiz um balanço da vida, avaliando aspectos dos campos pessoal, familiar e profissional. E nesse momento de reflexão, as diferenças voltaram a estar presentes.

Você avalia como as formas de ser, pensar e agir diferem com o passar do tempo. Assim como as prioridades! O que era importante para mim aos 50 anos talvez não fosse aos 20, 30, 40.

Completar o ciclo de 60 anos também exige uma grande reflexão. Mas essa fase eu perdi. Estava 100% envolvido com o processo da minha sucessão da presidência executiva do Grupo Gazin. Eu não podia ser "egoísta" e parar tudo para pensar em mim.

Agora, estou no circuito de 70 anos! Ufa… dos 70 anos… Acredito que seja a fase mais saudosista e também emotiva. Você avalia o que já realizou e o que lhe falta fazer. Mas há justamente um conflito entre o que lhe falta fazer e o que você quer fazer! A segunda opção deve predominar!

Sonhar e realizar... essa é a dinâmica da vida! Vivemos a criar nossos sonhos e a realizá-los!

EU E AS PONTES

Um dos problemas que vivemos na nossa região do Paraná é a passagem de pedestres, carros e caminhões por pontes. Eu mesmo já doei muitos materiais, fiz abaixo-assinados e mobilizei prefeituras, governos e órgãos como o Departamento Nacional de Infraestrutura de Transportes (DNIT), vinculado ao Ministério de Infraestrutura.

Num desses casos, uma enchente derrubou a ponte em um banhado no rio Paraná, entre Porto Camargo e Naviraí. A estrada ficou intransitável, e meus clientes precisavam andar mais de trezentos quilômetros para chegar em Douradina. Foram dois anos de muita luta; até foi feita uma pinguela para passar a pé ou de moto. Assim, íamos buscar nossos clientes e os levávamos até a matriz.

Mas eu lutei bastante para encontrar a solução. Organizei um abaixo-assinado, reuni mais de 3.300 assinaturas de Ivaté, Douradina e Icaraíma, e entreguei o documento no DNIT, em Curitiba. Um deputado veio conversar comigo, e expliquei o caso. Pediu 120 dias para solucionar. Apesar de certo atraso, pois envolvia a área de meio ambiente – o que exigiu que os restos da antiga construção fossem retirados –, a ponte foi reconstruída.

Outra luta com desfecho satisfatório aconteceu no rio das Antas, entre Douradina e Santa Felicidade, distrito de Tapira. Colocaram até guardas, para multar quem se arriscasse a transitar por ali. A ponte foi interceptada pelo DNIT, e era preciso dar uma volta de mais de cem quilômetros, passando por Maria Helena e Nova Olímpia, para ir por Paranavaí. Da mesma forma, íamos buscar o pessoal de ônibus.

Arrumei o material, e fizemos um aterro embaixo da ponte, que permitiu liberar o tráfego. O DNIT aprovou e liberou a estrada.

Nesses casos, eu entro para resolver. A queda de uma ponte é um grande transtorno social e econômico para a população local.

No meu escritório, coloquei uma placa que diz: "Comitê do Mário Gazin". As pessoas vêm me pedir ajuda, porque acham que eu tenho mais facilidade de fazer contato e resolver problemas e pendências. Eu gosto realmente de ajudar, porque estou envolvido com a comunidade.

Ah! Lembrei-me de uma viagem que fiz com o Diego Henrique Garcia Soriani, quando ele ainda era meu assessor, para Buritis, em Rondônia, onde temos duas lojas. Eu queria ir nas proximidades de Guajará-Mirim, em Rondônia, divisa com a Bolívia e onde há uma zona franca, para encontrar um ponto para abrir filial. O município é movimentado, porque produz muito cacau. A estrada de terra é bem ruim e tinha uns oitocentos quilômetros de distância. Mas havia uma opção de irmos por dentro, cujo trajeto reduzia para trezentos quilômetros.

Eu tinha um jipe vermelho, pau *pra* toda obra, bruto mesmo. Rodamos uns 150 quilômetros e paramos para almoçar numa fazenda. Seguimos viagem e chegamos numa ponte, onde havia tombado um caminhão. O jipe por ali não passava. Demos uma olhada, estudamos a situação, e sugeri juntar umas tábuas existentes e passar com bastante cuidado. O Diego

Soriani estava junto e orientava, enquanto eu dirigia o jipe com grande cautela. Deu certo!

Seguimos viagem e até passamos por uma aldeia de índios. Era de noite quando chegamos ao município onde pretendíamos abrir a loja. Foi uma viagem divertida: rodamos 310 quilômetros e cortamos um bom trecho de estrada.

E quanto ao meu jipe vermelho, vendi-o com mais de 250 mil quilômetros rodados. O carro andava bem, era econômico e estava intacto.

Vale contar também que tínhamos uma loja em Sete Quedas, no Mato Grosso do Sul. Ir para lá era uma "novela": levava de 10 a 15 dias para rodar uns 350 quilômetros. Íamos de caminhonete, que às vezes atolava; chegamos a encostar o carro e andar vários quilômetros a pé para chegar na loja. Em alguns casos, nosso caminhão saía de Douradina e não conseguia entregar as mercadorias na filial de Sete Quedas.

Mas também éramos irresponsáveis em alguns aspectos. Certa vez, levamos uma carroça e um burro até Aparecida do Oeste, no sul do Paraná. Eu e o Pedro Paulo, que foi o primeiro dos nossos gerentes, guiávamos um caminhão Mercedes 1111, apelidado de "Cascudo". Pois ele deu a ideia de levar areia também.

Enchemos a carroceira de areia, com o burro e a carroça junto. Então chegamos num trecho da estrada que era um sobe e desce bravo; numa das subidas, o caminhão não aguentou, não teve forças. Pois fomos jogando areia fora, para aliviar a carga.

Discutir os temas em equipe, sem perder a liderança e o voto de minerva nos casos extremos, torna as decisões mais fáceis, rápidas e menos custosas. E, claro, mais acertadas!

Pegamos uma descida íngreme, e o freio começou a esquentar. Antes de nova subida, jogamos mais areia fora. Na descida seguinte, o freio não conseguiu segurar e no final tinha uma ponte; eu estava na direção e quase bati num caminhão que vinha em direção contrária e estourou a mangueira d'água.

Vimos a morte de perto. Não parávamos de rezar. Com a graça de Deus, controlei o caminhão, descemos a uns 130 quilômetros por hora e conseguimos atravessar a ponte. Chegando na cidade, que estava próxima, compramos outra mangueira, trocamos e seguimos caminho.

Também em 1970, havia um pé de peroba perto do cemitério de Douradina. Subimos e instalamos uma antena de TV. O mesmo Pedro Paulo disse que tínhamos que colocar uma repetidora. A peroba tinha uns 25 metros, e resolvemos fazer uma torre de madeira de 35 metros de altura.

Fomos a São Paulo e compramos a peça. Conseguimos! Feito isso, reproduzíamos a TV Coroados, de Londrina, e cobrávamos mensalidade de quem queria ter a imagem. Funcionava, mas com precariedade; bastava ventar que tirava a antena do lugar e perdia o sinal. E lá íamos nós, subir e consertar o sinal.

Em 1970, na Copa do Mundo, tínhamos uns oito mensalistas. Naquele período, começaram a construir as torres de ferro, que melhoraram bastante a imagem. Montamos uma dessas torres na beira do rio Paraná, com 55 metros de altura.

Aí sim o povo de Douradina ficou contente. Era uma alegria ver as famílias em casa, assistindo aos programas e às novelas, como *Irmãos Coragem*, com Glória Menezes, Tarcísio Meira, Regina Duarte, Cláudio Marzo, entre outros.

A ética pesa na escolha do melhor caminho! Porque, para não ferir a ética, a solução encontrada pode ser a mais onerosa, a mais lenta ou até a menos eficaz!

INTENSIDADE NOS NEGÓCIOS

Quando você estiver na nossa matriz e vir muitos caminhões estacionados, é sinal de que o movimento está fraco. A medida de que tudo anda muito bem com a Gazin é ter no máximo em torno de vinte caminhões no pátio.

Durante a minha vida inteira, vi na Gazin caminhões carregados chegando ou saindo do nosso pátio e muita gente mobilizada. O município cresceu e aproveitou o ritmo da Gazin. Douradina era bem pacata. O movimento no comércio era pequeno.

O município se desenvolveu, e estávamos com mais de 9.500 habitantes; no final de 2025, a Gazin tinha mais de 2 mil funcionários em todas as nossas unidades e atividades em Douradina. Hoje, se não marcar hora para cortar cabelo, não consegue; existem cinco ou seis clientes na fila. Há muitos anos, eu trouxe o primeiro advogado para Douradina; atualmente, existem vários, assim como médicos, dentistas etc.

Se a Gazin tivesse ido embora, o que aconteceria com Douradina? Quando montamos a primeira fábrica, colocamos uma sirene e avisamos a população; depois criamos outra unidade fabril, para fazer mais barulho e animar o pessoal.

Fomos trabalhando muito e crescendo sem olhar para o passado, que foi muito difícil. Valeu a pena: os meus filhos não vão sofrer e os meus netos, menos ainda. Meus filhos amados têm seus empregos e a segurança profissional garantidos.

Em 1996, se eu tivesse olhado para trás ou para o lado, não teria montado o Gazin Atacado, onde ninguém queria trabalhar. Até então, eu vendia direto para outros lojistas. Havia poucos caminhões, arrumar linha telefônica era difícil, mas conseguíamos ter o mais complicado: mercadorias.

Era hora de olhar para a frente! Começamos o atacado com cinco vendedores e faturávamos R$ 1,5 milhão por mês, o que era expressivo para a época. Estávamos indo muito bem, abrindo o leque de clientes e expandindo as vendas mensais.

Mas aí passamos por uma prova de superação, pois, tempos depois, com a criação do Simples Nacional, previsto na Lei Complementar nº 123, de 14 de dezembro de 2006, inspirado na Lei nº 9.317/1996, sancionada pelo ex-presidente Fernando Henrique Cardoso, foram atribuídos limites de faturamento às pequenas e médias empresas enquadradas e beneficiadas no sistema tributário do Simples Nacional. Isso derrubou substancialmente nosso faturamento, visto que os clientes não poderiam ultrapassar determinado teto de valor faturado anualmente, pelo risco de serem desenquadrados, reduzindo assim seus volumes de compras.

Então, aos clientes naquela época, restava a opção de comprar num sistema com o qual a Gazin não compactua. Mas, persistimos! Ampliamos nossa carteira de clientes. Começamos a vender para hotéis, restaurantes, motéis, hospitais; entramos em concorrências das prefeituras e dos governos. E passamos a ter volume de vendas; elevamos nosso quadro para quinze, vinte, trinta vendedores...

Também em 2004 tivemos dificuldades com a queda dos preços das sacas de soja, milho, arroz etc. Foi uma grande crise no Paraná e no Rio Grande do Sul, onde as vendas caíram mais de 80%.

Na sequência, em 2005 e 2006, o Instituto Brasileiro do Meio Ambiente e dos Recursos Naturais Renováveis (Ibama) fez uma caça aos madeireiros e garimpeiros no Centro-Oeste, como em Poconé (MT), e no Norte do país, justamente em municípios onde tínhamos boas lojas. Foi uma devassa, e chegamos a ter inadimplência de 50%. A situação só começou a se reverter em 2007, quando as pessoas migraram e redirecionaram o trabalho da madeira e do garimpo para o agronegócio, com soja e milho, e pecuária.

Aprenda que, quando a situação se complica, é hora de se mexer, tirar a bunda da cadeira, abrir novas frentes. Como eu gosto de dizer: "É hora de mexer o doce, para não queimar". Foi exatamente o que fizemos, iniciando atividades do atacado no Nordeste, em Feira de Santana, na Bahia. Nunca nos acomodamos ou nos deixamos ser vencidos.

Só para se ter uma ideia da evolução que alcançamos, no final de 2025 o nosso time do atacado tinha perto de 280 vendedores, entre internos e externos, e o faturamento anual era em torno de R$ 2,5 bilhões.

Nessa linha de não se acomodar, em 15 de julho de 1998 montamos nossa primeira fábrica de colchões; em 2025, entre fábricas de colchões e de molas, são doze unidades: duas em Douradina (PR), uma em Vilhena (RO), duas em Candelária (RS), uma em Feira de Santana (BA), uma em Jaciara (MT), uma em Itaitinga (CE), uma em Senador Guiomard (AC), uma em Elói Mendes (MG), uma em Araguatins (TO), e uma em Patos de Minas (MG). Inicialmente, pensávamos em produzir portas e janelas, mas migramos para colchões, e fui com meu pessoal comprar maquinário nos Estados Unidos.

Todos nós pagamos o preço da idade! Esse preço pode ser muito caro ou barato, de acordo com os hábitos e costumes que cultivamos.

Aliás, vou fazer aqui uma confissão: a montagem do atacado e da indústria anos atrás ocorreu justamente para que não nos mudassem de Douradina. Na época, houve uma grande redução populacional no município, que chegou a ter em torno de 4 mil habitantes, e só mesmo a geração de empregos, que motivaria a migração de pessoal para a região, para nos manter em casa, na nossa Douradina.

O Grupo Gazin e suas empresas cresceram porque o Brasil se desenvolveu. Pessoas mudam de casa, filhos saem para se casar e constituir suas famílias, casais se separam e montam residências individualizadas, jovens saem das casas para estudar nos grandes centros e se instalam nas moradias, a rede hoteleira e o varejo se expandem etc.

O Brasil cresceu em todos os sentidos; o mundo também. Eu saía de carro de Douradina para Campo Grande e levava cinco horas; agora, levo nove horas, e a estrada está cheia de caminhões.

Observamos e vivenciamos as mudanças. No passado, dizia-se que o computador tiraria emprego das pessoas; que nada, gerou ainda mais empregos. E o mesmo discurso deve seguir com a IA.

EQUIPES VERSÁTEIS

Outro ponto que aprecio e busquei colocar em prática na montagem das equipes que comandei é o de ter diversidade de estilos no grupo. Dessa forma, sempre haverá opiniões distintas ou mesmo sugestões com ângulos de análises diferentes e que podem trazer destacados ganhos ao processo. Se você dirige um grupo em que todos praticamente pensam da mesma forma, o risco de subestimar precauções, estratégias e resultados é grande.

Além da diversidade, agrada-me a polivalência, gente que possa exercer mais de uma função. É importante conhecer as características dos jogadores que você tem em "campo" e de quem está no "banco de reservas".

Em alguns casos, sei que fiz apostas erradas. Isso faz parte do processo de decisão e de montagem das equipes. O importante é agir rápido e encontrar a "peça de reposição". Se nesse caso, em função da urgência, não houver ninguém preparado na equipe, busque no mercado e defina-se por alguém pronto para exercer a atividade. Não há tempo para experiências!

Aliás, importante deixar claro um conceito: não contratamos pessoas para dizer a elas o que têm que fazer. Nós contratamos pessoas para que elas nos digam onde temos que melhorar.

Defendo 100% a gestão de diálogo. Mas, na minha forma de avaliar, os conflitos têm, sim, o seu valor e são estimulantes. Incito o trabalho associado à divisão de tarefas e ao compartilhamento dos resultados, mas mantendo a proximidade entre as pessoas. Aprecio que elas tenham prazer em passar a "bola" para o companheiro. Devemos aplaudir ambos: quem deu o passe e quem marcou o gol.

Sou favorável a utilizar o conflito como forma de alertar e abrir discussões proveitosas com a equipe. Mas também sou totalmente desfavorável a ter o conflito como ferramenta permanente, como base da estratégia de liderança de grupo, estimulando que as pessoas sobreponham-se em suas ideologias. Conheço líderes que preferem agir assim; em contrapartida, suas equipes mostram-se mais tensas.

A vida nos ensina que se conseguirmos ter conhecimento das dificuldades, das oportunidades, dos erros e dos acertos por meio de quem já vivenciou determinadas experiências, isso nos ajudará a sermos mais precisos em nossas ações.

Se algo não deu certo e alguém já refletiu sobre como poderia provocar mudanças para alcançar um resultado positivo, eu aceito as sugestões. E se as análises levam à conclusão de que não vale investir novamente no projeto, por que eu as desafiaria? Se for viável com certas mudanças, eu vou em frente! Se for realmente inviável, não há por que seguir adiante.

Há uma frase do escritor Augusto Cury que diz: "Inteligência é aprender com os próprios erros, e sabedoria é aprender com os erros dos outros". Eu sigo fielmente esse conceito!

HOMEM DE VALOR

Meu pai, Alfredo, era um grande homem, de princípios e valores. Sempre forte, magro e alegre. Faleceu muito novo, em 2005.

Mas eu o observei baquear e percebi que dois choques o abalaram e o envelheceram antes do tempo previsto. Um deles foi a fatalidade com um rapaz que era como filho dele e nosso irmão; ele foi morto durante um assalto em que roubaram o trator da fazenda. A partir dali a fisionomia do meu pai mudou:

Nada acontece por acaso, e sim por descaso! Ou seja: se regar e adubar a planta, ela cresce e frutifica; se não regar e adubar, ela seca e morre!

eu o vi com rugas, pálido e abatido. Depois veio a doença de Alzheimer, e ele foi se esvaindo aos poucos.

Chorei muito quando o seu Alfredo morreu. Deixou uma grande lacuna e muitas saudades. No entanto, ele deixou também um importante legado ético que eu, minha irmã e meus irmãos incorporamos, e que compartilhamos com nossos filhos e netos, além de ajudar a formar a cultura organizacional do Grupo Gazin.

Desde que saí da presidência executiva, ocorreu uma enorme transformação do Grupo. Iniciamos a implantação de processos que criaram regras importantes na organização e que são acompanhadas pela nossa equipe de trinta auditores.

Tudo é uma questão de cultura na empresa, e todos já se adaptaram a esses processos. As áreas e os departamentos estão interligados, e rapidamente há informações sobre tudo que acontece na Gazin. Qualquer erro ou desvio é identificado com agilidade.

Temos acesso a tudo: contratos, serviços, bancos, atacado, varejo, indústria, clientes etc. Criamos uma prevenção de risco. Há uma equipe mapeando a todo instante os problemas e outra equipe que audita todos os departamentos.

Então, tenho a certeza de que, assim como eu e meus irmãos, nosso pai Alfredo, onde quer que esteja, está muito feliz com o presente e bastante empolgado com o futuro do Grupo Gazin!

São os nossos atos que determinam os resultados positivos ou negativos que alcançamos. Não há como culpar ninguém por eles, a não ser a nós mesmos!

O QUERIDO CAFU

Como não conseguirei destacar todos os meus filhos amados, vou citar alguns deles e espero que os outros se sintam carinhosamente abraçados e incluídos nessa vasta relação.

Começo pelo Aparecido Benedito dos Santos, o Cafu, gerente de serviços financeiros e diretor de fiscalização e controle na Gazin Seguros.

Eu o conheço desde que ele era criança, com 5 anos. Ele me via, abria um sorriso, passava a mão no meu cabelo e dizia: "Gazin, quando eu tiver 10 anos, vou trabalhar na sua empresa". E quando ele estava com 13 anos, isso realmente aconteceu.

Ele entrou na Gazin em 1994, quando tínhamos ainda poucas filiais, mas participou de todo o crescimento do Grupo Gazin: atacado, ampliação de filiais, indústria... e sempre que surgia um bom projeto, o Cafu era deslocado e cumpria muito bem a missão.

O Cafu fez uma bela trajetória na Gazin; em 2025, completou 31 anos de casa. Gosto muito da atuação dele, pois se preocupa em ensinar e preparar os mais novos de empresa. A média de idade dos nossos funcionários vem caindo, há jovens com menos de 20 anos iniciando na Gazin.

A história mostra que acertamos quando partimos para a diversificação de negócios no Grupo e o Cafu participou ativamente desse processo. Afinal, como se diz: "Não se pode deixar todos os ovos numa única cesta". Se uma área não está indo tão bem naquele momento, as outras conseguem melhorar no resultado geral.

É comum receber na Gazin a visita de clientes e parceiros comerciais que não conhecem a sede do Grupo, mas se surpreendem com a nossa ampla atuação. Tudo isso num município com cerca de 9.500 habitantes. E o nosso banco passou a atuar também no mercado em geral, atendendo aos nossos clientes.

Acredito que agora, antes de iniciar um novo negócio, vamos explorar o que já temos consolidado. Há um grande potencial com o ecossistema de serviços financeiros, que responde por 5% do faturamento e 25% de lucratividade do grupo Gazin. Nossa meta é, até 2034, elevar esse percentual para 10% e podemos criar outros produtos dentro desse braço de negócio. Essa é a "bola da vez". Podemos, inclusive, abrir nossas lojas de serviços. Nas nossas filiais, vendemos até Tele Sena.

Somos a 25ª empresa de consórcios em nível nacional e, entre as independentes, tirando bancos e montadoras, estamos em 7º lugar. A Gazin Seguros é a 4ª no Brasil em apólices de garantia estendida.

Todos esses negócios envolvem liberação de crédito, e a IA é uma grande aliada na implantação de tecnologias com esse objetivo. É o presente e o futuro. O novo "petróleo" são os dados, e o maior desafio é saber fazer a melhor leitura deles.

Também a pandemia provocou significativas mudanças no varejo. Alguns dos nossos gerentes relatam que 60% das vendas estão sendo feitas pelo WhatsApp dentro das lojas! O movimento físico caiu, mas as metas continuam a ser batidas pelos diversos canais de vendas.

O WhatsApp virou também um canal de contato e comunicação entre o vendedor e o cliente. Por meio da ferramenta "Mídia Express", o vendedor consegue mandar para os clientes a promoção do dia. Além disso, se o cliente passou na loja e viu um refrigerador, por exemplo, quando a peça entra em promoção ele é notificado e avisado.

Se o cliente compra pelo WhatsApp, nosso desafio agora é encontrar o melhor caminho para vender a ele também os nossos serviços.

Boa parte das nossas vendas, em torno de 40%, é realizada com clientes que o vendedor resgatou. É o *remarketing*. Nessa ferramenta, há consórcio, garantia estendida, data de aniversário... Por concentrar diversos dados, o vendedor consegue até fazer cobranças, enviando boletos vencidos.

Um dos meios de vendas que demoramos um pouco mais para nos adaptarmos, em função de não abrirmos mão da lucratividade, foi o *e-commerce*. Mas hoje já nos situamos bem em áreas onde pouco atuávamos.

Outra estratégia à qual estamos nos dedicando mais é ter vendedores exclusivos de consórcio dentro das nossas lojas.

Percorrer a estrada da vida é como seguir por passagens que formam a nossa própria existência: infância, adolescência, fase adulta e velhice.

OUTRO QUERIDO, O GABIRA

Em 1986, José Roberto Corcine, o Gabira, iniciou conosco na Gazin. Ele era funcionário do Banco Bamerindus, e eu o contratei junto a mais três colegas de trabalho; começou na contabilidade e no estoque.

Dois anos depois, convidei-o para gerenciar uma filial que seria aberta em São José do Rio Claro, no Mato Grosso. Na época, tínhamos apenas onze lojas. Depois, ele foi deslocado para gerenciar as filiais de Cuiabá, Sorriso, Pontes e Lacerda, Primavera do Leste, Campo Verde e retornou para Sorriso, onde se fixou e caminha para completar quarenta anos de Gazin.

Teve jovem que começou com a gente aos 18 anos e hoje tem filho que trabalha na empresa. Casais que se conheceram trabalhando no Grupo. Famílias que se formaram e cresceram dentro da Gazin.

Naquela época, nós vendíamos a mercadoria e não tínhamos a pronta entrega. Prometíamos entregar em uma semana, e eu me virava para cumprir a promessa.

Todo o pessoal ajudava a carregar e a descarregar os caminhões. Gente de fibra, que se doava pela Gazin. O Gabira estava conosco no Plano Collor, que promoveu a troca de moeda, do cruzado novo para o cruzeiro. Vimos uma brecha que nos permitia comprar mercadorias com a moeda antiga. Pegamos todos os cheques pré-datados e fomos às compras nas fábricas. Estocamos bastante!

Eu viajava com o Gabira, visitando as lojas, e dizia que era para que pudéssemos aprender como as outras filiais atuavam. Eu também já lia bastante e tirava dicas e sugestões dos livros.

Quando lembramos dessa passagem, eu e o Gabira rimos bastante. Ele morava na própria loja que gerenciava e comprou um carro zero. Mas tinha vergonha de sair com o veículo, pensava que as pessoas poderiam achar que estava roubando a Gazin. Quando eu soube, conversei com ele e disse: "Larga de bobagem, Gabira. Eu sei o quanto você ganha, e seu salário é mais do que suficiente para comprar esse veículo. Então, usufrua do seu merecido bem!".

Em determinada época, um fiscal cismou com a gente. Tínhamos uma pasta amarela, onde guardávamos as duplicatas, os cheques e certos documentos. Pois tivemos uma ideia. Compramos um caixão de defunto e colocamos na loja; era ali que guardávamos todos esses papéis.

Pois o sujeito encasquetou com aquilo e quis saber por que havia um caixão de defunto na loja. O Gabira explicou que era um produto que vendíamos para o pessoal do município. O fiscal, aparentando estar meio amedrontado, "engoliu" a história, sumiu, e esse virou o nosso "cofre".

O Gabira estava conosco também quando começamos a informatizar a Gazin. Foi um grande passo que demos no passado.

OS CONCEITOS MUDAM

Há muitos anos eu falei aos integrantes do nosso Conselho de Administração que precisávamos comprar dez caminhões.

Naquele momento, estávamos financeiramente apertados. Na reunião, os conselheiros não aprovaram o investimento. Um deles ainda perguntou: "Mostre-nos como você vai ganhar dinheiro com caminhão".

Eu disse que eles fazem um bom serviço e colocam as nossas mercadorias na hora e no lugar certos. Pensaram até em terceirizar o nosso serviço de entrega, mas fui veementemente contrário à ideia. Então, em vez de dez, compramos cinco caminhões na época.

Muitos anos depois, em 2025, temos uma frota de oitocentos caminhões e uma transportadora própria bastante rentável, a Gazin Log. E nossas compras atuais, para ampliação ou renovação de frota, que acontecem periodicamente, envolvem lotes em torno de cinquenta caminhões.

Há uns vinte anos eu falava do concorrente de quarteirão, ou seja, em cada quarteirão havia pelo menos uma loja que concorria com a nossa. Esse espaço foi diminuindo cada vez mais, e hoje o concorrente é o seu vizinho de parede.

E se pensarmos na utilização da internet pelo celular, o cliente acessa o concorrente de dentro da sua loja.

Por isso, na loja física precisamos criar facilidades: estar próximo ao ponto de maior movimento local, oferecer estacionamento, ter um belo *showroom*, loja com facilidade de locomoção, manter a equipe muito bem-preparada e bem-informada etc. O conceito de loja mudou com a valorização da experiência do cliente.

Não tenha medo de seguir em frente. Muitos temem o amanhã. Pois é justamente no amanhã que está a realização das nossas metas e dos nossos objetivos e sonhos.

Definimos como nosso modelo de abertura de lojas ampliar a rede em vinte unidades anualmente. Mas se aparecer um bom negócio, ou até a compra de alguma outra rede, avaliamos e, se entendermos ser interessante, investimos.

Temos nosso Banco Digital Gazin, ou Gazin Bank. Enquanto os bancos convencionais, como Itaú, Bradesco, entre outros, fecham e enxugam o número de agências, os bancos digitais e as cooperativas de crédito ampliam suas participações no mercado.

Temos mais de 450 unidades entre lojas e negócios, e nosso banco digital está em cada uma delas. O cliente da filial que adere ao Gazin Bank ganha uma porção de vantagens: tem dinheiro na mão disponível pelo app, seguro, consórcio, entre outras.

Sou um grande admirador do agronegócio, que eu chamo de "indústria a céu aberto". O fator determinante da safra é o clima: tem sol, chuva, temporal.

Houve grande evolução no setor do agro. Meu pai era agricultor e plantava milho, descascava e plantava o caroço mais bonito; feijão também.

Hoje é completamente diferente. A terra é do agricultor, ou pode ser arrendada, e o resto todo é comprado. Tem que produzir cada dia mais no menor espaço de terra. Compra óleo diesel, semente, gasolina, agrotóxico, maquinário, insumos, investe em tecnologia e inovação etc.

GENTE QUE VALE OURO

Como eu disse, acredito ter bastante sensibilidade para garimpar talentos. E não é que foi justamente no garimpo do interior do Mato Grosso, em Arenápolis, que eu encontrei uma grande "pepita de ouro", um valioso "diamante"?

Pois essa "pepita" ou "diamante" tem nome: Gilmar Alves de Oliveira, que todos chamam de Gil; ele tinha 17 anos, mas desde os 12 já estava no garimpo, uma das poucas opções de trabalho que se tinha por lá.

Vendo a riqueza da região, conversei com meus irmãos e decidimos abrir uma loja em Arenápolis. Aos sábados, os garimpeiros iam para a cidade, onde vendiam o resultado do trabalho da semana e partiam para as compras, inclusive na Gazin. Entre eles estava o Gil.

Principalmente no início, eu fiquei por um tempo na filial. E quando o Gil ia fazer compras, era comum que conversássemos bastante, e eu via naquele garoto um brilho diferente. Foi quando perguntei: "Como é o trabalho no garimpo?". E ele me disse: "Trabalho pesado, seu Mário, difícil, na picareta, debaixo do sol". Apesar da dureza, eu via o Gil motivado a trabalhar. Então, pensei: "Se ele tem essa disposição toda para estar no garimpo, imagine aqui na loja".

Assim, em 1994, ele começou como vendedor na Gazin. Depois o Gil me contou que o convite foi providencial, pois já queria mesmo sair do garimpo. E o Gil foi se apaixonando pelo negócio e por gestão. Lembro-me que ainda falei para ele: "Gil, há um grande caminho para ser percorrido na Gazin.

Precisamos de gente boa, de qualidade, que respeite o cliente. Se seguir essa cartilha, oportunidades não vão faltar".

Era a pura verdade. Procurávamos solucionar os problemas dos clientes, mesmo que fossem causados por mau uso do produto. Mandávamos para assistência técnica, dávamos desconto ou trocávamos a mercadoria. O gerente da loja fazia todo um trabalho junto à sociedade, nas festas do município e da igreja; era como se fosse o "embaixador da Gazin" no local.

Atenção e carinho com os clientes, a população local e os funcionários é o nosso lema. E o sentimento de todos para com a Gazin é recíproco. Nosso pessoal é motivado, focado e engajado com o negócio. Nossa cultura organizacional é fortíssima.

Gil estava sempre disposto aos chamados e às necessidades das empresas, bem como aos novos desafios. Assumiu a gerência de várias filiais em diversos municípios, passou a ser o diretor da indústria de colchões e sempre se adaptou com agilidade e competência às novas funções.

Quase trinta anos depois, eu e meus irmãos elegemos o Gil como sucessor do Osmar Della Valentina na presidência executiva do Grupo. E estamos muito felizes com o desempenho de ambos.

Numa das conversas que tive com o Gil, ele falou sobre a importância, a respeitabilidade e o controle financeiro da Gazin no mercado, perante os bancos e fornecedores – uma visibilidade respeitada em âmbito nacional. Somos uma empresa sólida que não brinca com o caixa. Temos o lado conservador e o inovador caminhando juntos.

"Leve é quem caminha a estrada da vida deixando para trás o peso do passado."

Rosa de Avalon

Eu, meus irmãos e meus filhos amados estamos felizes por sermos uma empresa familiar e regional, mas com visibilidade nacional e uma das melhores para se trabalhar no Brasil.

Recebemos, inclusive, convite para apresentar a Gazin na Universidade de Harvard, contando como uma empresa regional se transformou numa grande varejista do Brasil. Mostramos que nosso crescimento se deu de forma sólida, fidelizando clientes e fornecedores; que o mercado financeiro quer fazer negócios com a Gazin. Que somos uma empresa aberta, cujos dados e balanços são compartilhados com o mercado. Mostramos que crescemos com responsabilidade e somos um Grupo que mantém a simplicidade, busca bons resultados e investe em tecnologia e inovação.

Temos uma política de aproveitar os nossos talentos e promover pratas da casa. Isso gera motivação no time, pois mostra que todos podem sonhar, inclusive, em ser presidente da empresa, desde que se preparem para isso. Reforço esta possibilidade com os exemplos do Osmar e do Gil.

Costumo dizer aos meus filhos amados e para tanta gente com quem converso: "Mantenham a humildade e não se encantem com o supérfluo nem deixem que isso mude a sua essência". E também: "O dono pode ficar velho, mas a empresa, não. A empresa é como uma criança, que nasce todo dia e precisa de cuidados".

Quando você tem um propósito na vida, sacrifícios passam a ter sentido.

MAIS UM QUERIDO AMIGO, ADRIANO RUELLA

Quero falar um pouco do Adriano Ruella. Com 17 anos, em 1991, ele já estava no garimpo, lavando dragas, embarcação muito utilizada no processo, onde por vezes encontrava diamante bruto.

Depois foi estagiar no Banco do Estado de Mato Grosso, e a mãe dele passou na nossa filial de Arenápolis, onde soube que tinha vaga de vendedor e indicou o filho. Pois o Adriano se apresentou e foi contratado. Eu já o conheci logo depois disso. Em 1995, ele foi transferido para a loja de Alta Floresta, no Mato Grosso.

No ano seguinte, o Adriano assumiu a gerência em Sete Quedas (MS); meses depois, foi transferido para Rio Brilhante (MS). Em dezembro de 1997, nova mudança, dessa vez para assumir a gerência de uma das principais lojas: a de Vilhena, em Rondônia. Eu sempre passava naquela loja e, quando batíamos a meta, fazíamos churrasco para o pessoal.

Pois, em 2006, convidei o Adriano para dar um grande passo na carreira: gerenciar a fábrica de colchões, também em Vilhena. Lembro-me que eu disse para ele: "Quem lidera dez pessoas lidera quinhentas".

Começamos a ter contatos mais constantes. Nossa história de trabalho conjunto perdurou até 2012, quando ele pediu demissão e montou a própria fábrica, a R&Fmax Colchões.

Mesmo fora da Gazin, e agora como concorrente, nunca perdemos o contato e a amizade. Nesse trajeto dele de empreendedor, em alguns momentos dei uns "empurrões" e ajudas; cheguei até a dizer para alguns fornecedores: "Pode vender mercadoria; se ele não pagar, eu pago".

O Adriano merece, é sério e toca com garra o negócio dele. Sempre que nos encontramos, ele me diz: "Seu Mário, Deus te abençoe!".

OUTROS TEMPOS...

Diante de toda a facilidade que temos hoje em dia, abastecer carros e caminhões é uma moleza. E, inclusive, as ofertas de pontos de recarga dos carros elétricos estão cada vez abundantes.

Quero recordar então um posto de combustíveis chamado Matadeira, que ficava um pouco adiante de São Gabriel do Oeste, no Mato Grosso do Sul, mas não existe mais.

Nos anos 1980, tempos duros, de altíssima inflação, faltavam diesel e gasolina, e os postos fechavam na sexta-feira e só abriam na segunda. Era comum ver filas e mais filas nos postos. Imagine como sofríamos para fazer as entregas. A gente se virava, entregava de caminhonete ou mesmo de carroça tocada com cavalo.

Nós tínhamos um motorista da caminhonete que não admitia entregar de carroça. Então, eu e meu irmão Jair saíamos tocando a carroça por vinte ou trinta quilômetros, para levar as mercadorias; íamos por volta das 3h e retornávamos perto do meio-dia.

Mas no Posto Matadeira havia um funcionário que era a nossa salvação. Saíamos de Douradina com o caminhão abastecido e carregando ainda um galão de vinte litros de óleo diesel. Lá chegando, comíamos no restaurante do posto e, se estivesse fechado, o homem nos levava até o sítio dele, onde tinha um tanque de abastecer trator e vendia combustível: se o litro do óleo diesel custava x, pagávamos 2x, ou seja, o dobro.

Mas era isso ou nada! Em vez de reclamarmos, agradecíamos, pois era a chance de não ficarmos parados. Com a estrada vazia, o consumo era também menor.

Ainda nos anos 1980, pensávamos em abrir lojas e ampliar a rede. Meus irmãos e eu éramos jovens, com muita paixão e vontade de multiplicar o negócio. Certo dia, eu, meu irmão Rubens e um amigo, o "Zé Japonês", dono da sapataria e do cinema de Douradina, fomos visitar a região de Alta Floresta e Sinop, no Mato Grosso, onde se plantava muito arroz; não havia ainda os municípios de Lucas do Rio Verde e Nova Mutum.

Viajamos com a Brasília do meu outro irmão, o Jair, uma miniperua, na qual levamos algumas roupas, redes para dormir e mantimentos. Paramos perto de um rio para descansar, comer e passar a noite.

Era comum ver caminhões com mudanças estacionados na estrada, por falta de combustível. Não fazíamos parada nos hotéis, dormíamos no carro ou em redes, e também levávamos os alimentos e por vezes cozinhávamos.

Naquele dia, fiquei encarregado de fazer o jantar. Pois acendi o fogo e preparei carne com batatas. Na hora de colocar o arroz, peguei água do rio para cozinhar. Eu colocava vela numa garrafinha e aquilo ajudava a iluminar.

A lição é clara: não é o que você recebe que conta, mas o que você faz com isso. O "destino" apenas distribui as cartas, mas o jogo é todo seu.

Comida pronta, cada um montou seu prato, e fomos comer. O Zé Japonês perguntou se eu tinha colocado colorau na comida, porque estava gostosa, mas escura. Fiz uma cara de "talvez". Eu também não sabia o motivo daquela cor. Mas na manhã seguinte, tudo foi esclarecido, e caímos na risada: a água do rio era barrenta, e foi o que deu o tal "toque de colorau".

Seguimos viagem para Sinop, onde pretendíamos abrir mais uma loja. Um amigo do meu pai, o Elidio, tinha uma casa em Sinop e ficamos ali hospedados por um dia, e seguimos para Alta Floresta.

No caminho, havia uma cidade chamada Colider. Chegamos até a balsa, mas estava escuro, e o balseiro disse que não atravessaria mais naquele horário. Passamos a noite ali mesmo, e peguei água no rio, dessa vez incolor e transparente, para fazer o jantar.

Dois de nós nos deitamos em cima de umas placas de madeira que havia sobre a terra e o outro, na rede. Dormimos relativamente bem, mas, ao acordarmos, percebemos que havia quatro corpos semienterrados bem do nosso lado. Que desespero! Ficamos assustados! Nós nos entreolhamos, arrumamos as coisas e demos no pé. Dali em diante, nunca mais paramos em beiras de rios, somente em beiras de estradas.

Fomos então para o ponto de pegar a balsa, rumo a Alta Floresta. Conhecemos a área e projetamos que ali seria possível montar uma loja algum tempo depois. Como os postos estavam fechados, esperaríamos até segunda-feira. Mas um rapaz sugeriu comprar gasolina de avião no aeroporto; abastecemos a Brasília, enchi ainda o galão de vinte litros, e voltamos para Douradina.

Dois anos depois, retornamos a Alta Floresta e, aí sim, alugamos um prédio para abrir uma boa loja; quando estava tudo certo e alinhado, fomos até Douradina, enchemos um caminhão de mercadorias e retornamos para Alta Floresta, a fim de arrumar e inaugurar a loja.

Eis que, assim que chegamos no prédio supostamente já alugado em Alta Floresta, ele estava ocupado por uma loja Buri, uma das boas redes da época. Fui questionar o proprietário, que me disse: "Eu lá te conheço? Vou saber se você tem estrutura e condições de pagar os aluguéis? Veio uma empresa famosa e aluguei para eles".

Que decepção! Mas, como eu ainda não tinha pagado o primeiro aluguel, não me incomodei tanto, pois pensei que talvez pudesse vir a ter outros problemas com aquele homem no futuro.

Subi no caminhão e fui rodar a cidade, em busca de um novo ponto. Encontramos. Depois ainda abrimos a segunda loja e mudamos uma delas para aquele prédio que havia sido ocupado pela Buri, mas o imóvel já era de outro proprietário.

A partir dali, abrimos filiais em Sinop, Colíder, Sorriso, Nova Mutum, Lucas do Rio Verde e vários outros municípios vizinhos.

Até a décima filial, tudo aconteceu de forma desordenada, sem pensar na logística do negócio, ou seja, montar lojas dentro de um trajeto preestabelecido. Meus compadres iam se mudando de Douradina e iam me avisando: "Moro num belo lugar, bem agitado. Monte loja aqui". E lá ia eu alugar o ponto e abrir mais uma filial.

No final de 2025, alcançamos a marca de 380 lojas espalhadas por vários municípios e estados; mas, depois da décima loja, nosso crescimento se deu de forma ordenada e estudada.

ÔNUS E BÔNUS DAS MUDANÇAS DE RUMO

Mesmo que você estude algo que depois não será aplicável na sua carreira, principalmente em função de uma mudança de rumo, o conhecimento nunca será desperdiçado.

Você aprende a pescar e pode passar muitos anos sem praticar. Mas, se em determinado dia você estiver náufrago, saber pescar poderá salvar a sua vida! Claro, é um exemplo extremo. Mas há coisas que você aprende e que, em algum momento, podem se mostrar úteis e importantes.

Algo que tem me impressionado bastante é a mudança de cenários envolvendo as empresas e os setores tradicionais. Companhias que foram ícones dos seus segmentos de repente deixaram de ser protagonistas. Boa parte dessa explicação tem relação com rupturas ligadas à tecnologia e à inovação.

Essa é uma hora dura para as empresas! A de se reinventar, recomeçar, redirecionar… re… re… re…

Na grande maioria dos mercados, as marcas vão se revezando na preferência do consumidor. Isso tem se demonstrado em vários setores, como os de matérias-primas, financeiro, de mineração etc. Acontecem ajustes inimagináveis. Há empresas centenárias que, de um momento para o outro, passaram a ter seu posicionamento na liderança ameaçado.

A realidade é que a velocidade das mudanças aumentou absurdamente, e o ciclo delas reduziu-se de modo drástico. No setor empresarial, se os gestores conseguirem ter um mínimo de previsibilidade e de programação, isso pode beneficiar a sobrevivência das empresas.

Um dos acontecimentos mais incríveis do mundo corporativo é o prestígio mundial que certas marcas alcançaram mesmo sem investir em produção. Elas aplicam recursos em tecnologia e desenvolvimento de produto, em marketing, mas não fabricam uma peça sequer. Têm toda a produção terceirizada e transformam suas marcas em algo de valor.

Uma bolsa, um tênis, um celular, uma calça, um perfume que traga estampada determinada marca, carrega consigo prestígio, *status*, sedução, emoção, sentimento de conquista etc. O preço da matéria-prima nesses produtos talvez seja da ordem de 10% do real valor construído através da força da marca. Os outros 90% representam o *status* do consumidor.

Quanto custa uma camisa sem grife? E a mesma camisa com um símbolo famoso estampado do lado esquerdo do peito? No passado, isso não era percebido na intensidade dos dias atuais. Muitos desses produtos tendem a virar verdadeiras *commodities*; uma marca de celular é um bom exemplo disso. E o que acontece no mercado com as empresas detentoras dessas marcas se reflete diretamente em seu valor acionário, que pode subir ou descer.

Quem diria que um dia as pessoas se comunicariam mais pela escrita do que pela fala? Você tem um smartphone para mandar mensagens e e-mails e, por acaso, ligar de vez em quando… Isso é uma loucura! Há uma grande convergência de opções num aparelho que cabe no bolso da calça! E o celular ainda filma e fotografa! Você está numa festa à fantasia, e filmam ou tiram uma foto sua, e depois ainda postam. É o fim da privacidade!

Não sei dizer se o mundo está mais chato, mas creio que esteja mais dinâmico e tenso. A primeira ação de quem perde o sono e acorda durante a noite é pegar o celular e ver se tem mensagens.

Eu não vou entrar no mérito da discussão, mas daqui a alguns anos você irá mostrar uma bola para uma criança, e ela não saberá para que serve aquilo. Ela jogará futebol através dos aplicativos.

A própria comunicação entre pais e filhos mudou absurdamente. Como encontrar assuntos de interesse que permitam uma conversa entre duas gerações com pensamentos e atitudes tão distantes? Um dos poucos locais e momentos em que as famílias ainda se reúnem é ao redor da mesa de refeições. Ao menos, nos finais de semana.

Estamos tendo uma mudança importante. Acreditem: para mim é assustador viver esse período em que o relacionamento social e profissional entre as pessoas está se transformando completamente. Até mesmo a política vem sendo afetada por essas mudanças.

A internet passou a ter um poder de confiança muito grande. A IA, com seus mecanismos projetados para "conversar" e gerar textos – como ChatGPT, Manus, Google Gemini, Microsoft Copilot, Claude, Perplexity AI, HuggingChat,

O plantio é opcional, mas a colheita é obrigatória! Se você decidir colocar a semente na terra, adube-a, regue-a e colha os frutos.

ChatSonic, entre outros –, faz com que as crianças e os jovens acreditem mais nas respostas obtidas por meio desses recursos do que propriamente na igreja, na escola e, às vezes, até mesmo do que nos próprios pais. Por isso, mostra-se necessário ajustar o bom senso, para não ter exagero nem de um lado nem do outro.

Com essa confiabilidade da internet, corremos o risco de, mesmo sem percebermos ou sendo usados e até manipulados no processo, transformar inverdades em verdades. Isso acontece simultaneamente ao fato de, como ponto positivo, termos enormes quantidades de informações disponíveis para traçar análises e comparações.

Nós nos transformamos em produtos! O WhatsApp vende você, vende a mim, vende o meu vizinho. Você é o que você faz, o que você come, o que você compra, o que você veste, o que você pensa! De um lado, isso tudo é preocupante; de outro, as gerações mais recentes saíram de "fábrica" com esses "mecanismos" e "opcionais". Você e eu já estamos dentro do sistema!

Mas as transformações não param por aí. Elas continuarão a acontecer! Então, que venham as mudanças e transformações. E que sejam para o nosso bem!

Eu sou sempre otimista em relação ao futuro.

FILHA AMADA "BRUTA"

Gosto de usar a palavra "bruta" ou "bruto", para me referir a alguns dos meus filhos amados ou a alguém que eu conheço e admiro pela garra, pela disposição e pela capacidade profissional.

Pois a Jéssica Sampatti, gerente da loja de Paranatinga, no Mato Grosso, é bruta! Uma das melhores gerentes que temos no Grupo.

Jornalista de formação, ela me contou que era de Rio Brilhante e queria trabalhar na TV Morena, afiliada da TV Globo no Mato Grosso do Sul. Mas, em 2017, entrou como vendedora na Gazin, na filial de Rio Brilhante. O salário era bom, e ela foi crescendo na empresa.

Em 2018, a Jéssica esteve em Douradina e nos conhecemos. Dois anos depois, em meio à pandemia, ela foi convidada para ser gerente, mas preferiu não aceitar. Sempre que nos encontrávamos, eu a elogiava e dizia: "Você é uma excelente profissional". Em 2022, visitei a loja em que ela trabalhava e disse que era hora de ser gerente. Logo assumiu a loja de Camapuã, no Mato Grosso do Sul, onde tenho fazendas; então eu passava com certa frequência na filial.

A Jéssica até foi almoçar conosco na fazenda num domingo, e chegou lá de bike. Não acreditei, pois era um longo trajeto!

Tempos depois, a Jéssica assumiu uma loja maior, em Paranatinga, no Mato Grosso. Eu sempre lhe disse que na vida temos que abrir mão de certo conforto para alcançar nossos objetivos e conquistas, além da importância de investirmos em conhecimento. E contei como foi duro nosso início com a Gazin.

Aconteceu até um fato curioso. Eu estava na loja com a Jéssica e o nosso pessoal, e lá havia uma menina que não tirava o celular das mãos. Pois eu perguntei para a garota: "Quantos habitantes existem aqui no município?". Ela disse que não sabia. Então fui até a livraria, comprei um livro sobre a cultura local e disse para a jovem: "Pronto! Agora, em vez de brincar o tempo todo no celular, leia, minha filha". A garota ficou meio encabulada, mas pegou o livro e começou a ler. Espero que o interesse dela pela leitura tenha se tornado um hábito saudável.

NOSSO PRIMEIRO REPRESENTANTE DE COLCHÕES

O nosso representante da fábrica de colchões mais antigo é o Enéas Augusto Assunção de Oliveira. Ele nos abordou em 1998, na Feira de Arapongas, e perguntou se gostaríamos de tê-lo como representante em São Paulo.

Fechamos na hora, e o Enéas era também representante de uma fábrica que nos fornecia, a DJ Móveis. Ficou na palavra. Pois ele voltou para o estande da DJ e logo retornou com um dos donos, o Devanil Maróstica, que fez as melhores referências do Enéas para mim.

Converso bastante com o Enéas, e partimos dos mesmos conceitos de vendas, cuja base é o respeito ao cliente, com ousadia e dinamismo na negociação. Ele representa a Gazin Colchões em São Paulo, na capital e em Campinas.

O Enéas sempre comenta de um jantar que organizamos para nossos clientes numa churrascaria, e eles pediram para que eu fizesse uma palestra. Foi tudo maravilhoso, fiz a palestra, interagimos, jantamos, mas no final vi que um dos clientes estava acertando o pagamento com o pessoal que preparou a

A melhor forma de avaliar o seu resultado não é simplesmente pelo que você colhe, mas sim por quanto você planta. Plantou muito, colhe muito; plantou pouco, colhe pouco.

estrutura para a palestra. Quando eu soube que os clientes iam pagar, acertei o valor com o pessoal. Aquilo repercutiu tão bem com nossa clientela, que o Enéas gosta de recordar esse fato.

Certa vez, o Enéas e eu fomos visitar um cliente em Osasco, em São Paulo. Enquanto estávamos lá, chegou um caminhão de colchões da Gazin. Pois eu fui ajudar a descarregar, e o Enéas e o cliente não acreditaram naquilo. Mas foi bom, porque contei para eles quantos caminhões eu ajudei a carregar e a descarregar no meu início de empresa.

Periodicamente, fazemos sorteios com os nossos clientes, concorrendo pela loteria federal. Quanto mais eles compram, mais cupons ganham. Em 2025, um cliente dele ganhou uma carga de R$ 50 mil de colchões.

O Enéas gosta muito de música, tem até uma banda, a Orquestra Bless, e compôs uma letra para o aniversário de 60 anos da Gazin. Inclusive, me pediu para definir a Gazin em uma palavra, e eu disse: "Ouro".

Outros integrantes da Gazin também colaboraram e as palavras mais citadas foram: família, comprometimento, integridade, relacionamento, inspiração, idoneidade, humanização, grandeza, entre outras.

Conheça então a letra da música comemorativa aos 60 anos do Grupo Gazin:

TUDO ISSO É GAZIN!

Letra e música: Enéas Augusto Assunção de Oliveira

Dia após dia, vamos desbravando
Os quatro cantos do Brasil
De norte a sul, de leste a oeste
Realizando sonhos, escrevendo história
Uma equipe de excelência
Que nasceu e cresceu pra liderar

Evolução, revolução!
Humanização é nossa grandeza
Sempre avançar, pra conquistar
E fazer nossa bandeira brilhar!

Com fé no coração e muita gratidão
Eu vou cantar, eu vou gritar:
Gazin é ouro, Gazin é ouro!
Tudo isso é Gazin!

Lealdade, Integridade, seriedade e solução
O resultado é sucesso e prosperidade
Construção e realização
Com Deus vamos seguindo
Abrindo os caminhos
Pregando sempre nossa verdade:
Sempre fazer o melhor para você!

Evolução, revolução!
É a inspiração dessa grande família!
Sempre avançar, pra conquistar
E fazer nossa bandeira brilhar!

VIAGEM "INESQUECÍVEL"

Alguns funcionários são verdadeiros reflexos do que é a Gazin. Um deles é o Jaime de Souza, que começou conosco em 1978, era motorista e há anos cuida do setor de transportes da Gazin.

O Jaime é também um querido amigo. Viajávamos juntos, cozinhávamos no caminhão e dormíamos na carroceria, ou mesmo na casa dos gerentes, jogávamos futebol e nos reuníamos preparando almoços e jantares aos finais de semana.

Ele viveu uma das piores situações da estrada: a de ser assaltado. Como era de rotina, aos domingos após o almoço ele saía de viagem para buscar mercadorias nas indústrias de Santa Catarina e São Paulo.

Naquele domingo, no início da tarde, o Jaime pegou estrada num caminhão Mercedes-Benz 1218, ano 1990, com destino a São Paulo. Já no final da tarde, estacionou um pouco na beira da estrada. Infelizmente, logo foi surpreendido por dois assaltantes armados, que o renderam. Um dos assaltantes ordenou-lhe que entrasse no caminhão, mas ele se negou e blefou, dizendo que havia outra carreta seguindo o caminho com ele e que logo chegaria por ali.

Filhos, a gente erra, tropeça, titubeia... mas aprende que cada fase tem o seu valor.

Os assaltantes pegaram a carteira e, com a camiseta e as meias do Jaime, amarraram os braços dele numa árvore. Um dos homens disse ao comparsa: “Vou levar o caminhão. Fica tomando conta do sujeito”. E partiu pela estrada.

O Jaime ficou ali trocando conversas com o bandido, para entretê-lo e, disfarçadamente, foi aos poucos tentando soltar os braços, que ficaram quase desamarrados. O que ele fez? Avisou o cara: “Meus braços estão frouxos. É melhor você apertar”.

O rapaz andou até lá e guardou o revólver no bolso. Quando foi amarrar novamente, os braços do Jaime já estavam soltos, e ele deu uma surra daquelas no pilantra, que ficou desacordado. O Jaime pegou o revólver dele, recuperou a carteira e foi pedir carona na beira da estrada.

Com muito custo, conseguiu parar um carro e o convenceu a levá-lo ao posto policial, na divisa do estado. Assim que foi ao encontro do policial, ele entregou a arma, explicando que havia sido assaltado e que conseguiu reagir, retirando o revólver do bandido. O policial pediu ao Jaime todas as informações da empresa, do caminhão, modelo, carga etc. O Jaime também entrou em contato conosco, e um dos nossos funcionários já acionou todo o cerco ao veículo, assim como providenciou o resgate do Jaime.

Logo veio a informação de que o caminhão havia sido visto no sentido Maringá. Tempo depois, ele foi resgatado em Engenheiro Beltrão, em torno de uns sessenta quilômetros de distância.

Realmente, os tempos mudaram e trouxeram consigo grandes e positivas novidades, mas também muitos problemas, como os assaltos e a violência. Para se ter uma ideia, pouco antes de eu montar a Gazin, em 1966, eu saía com a lambreta e passava nas lojas do meu patrão, recolhendo o dinheiro das vendas. Levava alguns dias nesse trajeto e até dormia na estrada, no mato. Pegava o dinheiro em Jussara e passava por São Tomé, Japurá e saía para Maringá. Dali eu vinha para Cidade Gaúcha de novo na maior segurança.

Quis contar essa história para que você conheça mais um pouco das dificuldades que enfrentamos no nosso caminho e que podem acontecer com quem está conosco nesta estrada da vida.

NRF BIG SHOW, EVENTO OBRIGATÓRIO

Sem dúvida, o mês de dezembro é especial para o varejo, que tem suas vendas intensificadas pelo Natal e Ano-Novo.

Mas logo que vira o ano, em janeiro, as atenções varejistas se voltam para Nova York, nos Estados Unidos, onde anualmente acontece a *NRF Big Show*, ou *NRF: Retail's Big Show*, maior e principal evento mundial do setor e que reúne mais de mil expositores e 40 mil participantes.

Há muitos anos eu e um grande número de funcionários da Gazin participamos e nos reunimos com os maiores e mais destacados varejistas do mundo.

Basicamente, a NRF pauta as condutas e os passos adotados pelo segmento, muito embora nem tudo que se acompanha por lá possa ou deva ser adaptado ao seu negócio. É bom saber dos rumos que o varejo pretende seguir, mas respeite a sua história e o seu DNA.

São mais de 170 painéis de discussões e debates sobre temas diversos do varejo em geral, que englobam empresas e redes de lojas, como de móveis e eletrodomésticos, supermercados, serviço de alimentação, entre outras.

Nos últimos anos, os palestrantes da NRF têm ressaltado a temática dos investimentos em tecnologia, inovação e inteligência artificial, bem como as formas de se relacionar e de oferecer o *mix* de produtos aos clientes, personalizando a relação que eles mantêm com as empresas. É preciso entender o seu cliente, para poder atendê-lo da melhor maneira, tanto nas vendas presenciais quanto nas digitais, melhorando o nível da experiência.

Uma das grandes novidades impulsionadas pela IA, cuja implantação pelo varejo deve acontecer com velocidade, escala, escolha e confiança, é o conceito de varejo sob medida, também conhecido como *bespoke retail*. Esse modelo de varejo busca oferecer opções de consumo de produtos e serviços que priorizam personalizar o interesse de compra e a experiência do cliente, adaptados às suas escolhas, preferências e necessidades individuais.

O cliente vive um ensaio único em todas as etapas: apresentação do produto, compra, entrega e pós-venda. O cenário do varejo está passando por uma rápida transformação, impulsionada pela evolução das expectativas dos consumidores e das tecnologias inovadoras.

Uma relação que envolve, apesar da concorrência, não só atrair, mas principalmente reter os clientes; esse modelo de atrair acontece por meio de diversos caminhos: presencial, quando abrimos novas lojas ou o cliente passa a morar naquele município, *e-commerce*, mídias sociais, entre outros.

Nosso Grupo sabe trabalhar muito bem esses dois conceitos, de atrair e reter a clientela, mas agora buscamos novos consumidores, cujos perfis ainda estamos conhecendo.

O ponto crucial é ampliar o foco de produtos e canais, e incluir as necessidades e os desejos dos consumidores. E, principalmente, manter tudo isso dentro de uma rede de dados altamente confiável!

MENSAGENS CARINHOSAS

Você não imagina como fico feliz quando recebo mensagens e cartas das minhas filhas e dos meus filhos amados. Enche o meu coração de alegria.

Então, vou mostrar algumas dessas mensagens, para que você perceba o nível de relação próxima e carinhosa que travamos com o nosso time.

Primeira viagem com seu Mário Gazin (aventura)

Em 2004, seu Mário fez uma visita a Porto Velho; eu trabalhava na filial 75 e fui convidada por ele para passear no final de semana. Mal sabia eu que seria uma aventura.

No sábado pela manhã, fui ao hotel onde ele estava hospedado, pois de lá começava nosso passeio. Estava junto comigo o Isaías, vendedor da mesma filial. Havia também mais duas pessoas, dois representantes comerciais que nos acompanhariam no passeio.

Nos encontramos, conversamos um pouco e seguimos. Quando menos esperávamos, percebi que estava indo em direção ao aeroporto.

Perguntei então:

— Seu Mário, estamos indo ao aeroporto?

Sorridente, ele respondeu:

— Sim, filha, vamos viajar!

Seria minha primeira experiência de andar de avião. Logo nos encontramos com o piloto e levantamos voo. Seu Mário percebeu minha apreensão e disse:

— Não tenha medo, filha, avião é um dos transportes mais seguros do mundo!

Apesar da tentativa de me acalmar, continuei apreensiva.

O foco daquele passeio de avião era localizar bons locais para abertura de novas lojas no interior de Rondônia. Na primeira parte do voo, saímos de Porto Velho e fomos para São Francisco do Guaporé. Pousamos em uma estrada dentro de uma fazenda; confesso que fiquei mais tensa ainda.

Como não conseguimos chegar na cidade, levantamos voo novamente e fomos para o município de Costa Marques, também em Rondônia. E não é que seu Mário me pediu para sentar na parte da frente da aeronave, ao lado do piloto? Aí a situação piorou... a apreensão foi acrescida de medo e enjoo.

Mas consegui me controlar, e chegamos em Costa Marques. Pousamos numa pista que parecia improvisada, e o local estava bem distante da área urbana da cidade.

Um vigilante nos recepcionou e informou que teríamos que andar uns quatro quilômetros até encontrar um táxi que poderia nos levar até a área urbana.

Pois seu Mário pediu que eu e o piloto esperássemos no local e partiu com o Isaías e os dois representantes a pé, para achar um táxi. E não é que, no meio do caminho, eles encontraram policiais de carro e pediram carona, e chegaram na cidade dentro do camburão? Esse fato rendeu muitas risadas.

Tempos depois, um táxi contratado pelo seu Mário apareceu no local onde eu e o piloto estávamos, para nos buscar e nos levar até o pessoal, para almoçarmos juntos. Era um lugar encantador, pois o restaurante ficava na beira do rio Guaporé.

Após a refeição, retornamos a Rolim de Moura. Como não havia onde guardar o avião, o piloto teve que ir para Cacoal. Após visitar a filial local, seu Mário pediu o carro do saudoso gerente Luisão, e seguimos para São Miguel do Guaporé. Ali seu Mário pretendia preparar um jantar aos colaboradores da filial da cidade e passar a noite.

Pois no trajeto o carro começou a apresentar problema. Seu Mário deixou o veículo numa oficina e quis contratar alguns mototáxis para nos levar até São Miguel do Guaporé. Como era final de tarde e ainda precisávamos percorrer uns cinquenta quilômetros, o pessoal das motos se negou a fazer a corrida.

Era emoção atrás de emoção. Por sorte, seu Mário conversou com um taxista que aceitou fazer a corrida. Finalmente chegamos em São Miguel do Guaporé, já por volta das 21h.

Como seu Mário sempre cumpre o que promete, preparou uma deliciosa macarronada para todos. Por fim, como não havia hotel disponível, dormimos na casa do gerente de São Miguel do Guaporé.

No dia seguinte, logo cedo, voltamos a Porto Velho. Essa foi minha primeira experiência com o pai Mário.

Nesses 24 anos de Gazin, quero registrar que estou na melhor empresa para se trabalhar no Brasil, já vivenciei muitos momentos inesquecíveis e pude conhecer lugares incríveis.

Queila do Carmo Pedroso

Gerente adjunto da Filial 157 – Porto Velho (RO)

Olá, Pai Mário!

Escrevo só para dizer o quanto fiquei feliz e grata por ter conhecido o senhor.

Esta empresa faz parte da minha história. Cresci vendo meu pai, Fabiano – gerente em Machadinho há mais de dezoito anos –, construir uma linda trajetória aqui dentro. Por isso, tenho um carinho enorme pela empresa e muito orgulho de fazer parte dela também.

Quando o senhor veio nos visitar, confesso que fiquei tão emocionada que nem consegui demonstrar tudo o que eu estava sentindo. Era um sonho conhecer o senhor pessoalmente. Sua presença é inspiradora e me marcou profundamente.

Pai Mário, tenho um grande sonho: fazer parte do VEX – Varejo Experience Brasil, evento organizado pelo Grupo Gazin. Se um dia o senhor puder me dar essa oportunidade, eu vou agarrar com toda minha força e coração. Levo essa empresa comigo com muito amor e dedicação.

Obrigada por ser essa referência tão forte e humana para todos nós.

Com carinho,

Lorrayne Ravagnani
Filial 120 – Vilhena (RO)

UM SER HUMANO ESPECIAL, LUIZ CUSTÓDIO

Ano de 1978! Lembro-me como se fosse hoje de quando o Luiz Custódio, que é o nosso diretor financeiro, foi me procurar, para saber se havia emprego, e eu o contratei na hora. Foi mais um bravo companheiro nas viagens e entregas das mercadorias. Acabávamos de carregar os caminhões, preparávamos a nota fiscal e caíamos na estrada.

O Luiz participou e acompanhou de perto também a abertura de muitas das nossas filiais, depois migrou para a área administrativa e de auditoria. Inclusive, ficou sob a responsabilidade dele montar o primeiro computador que compramos para a matriz, em 1986, e que só passamos a operar nas lojas em 1995.

Depois veio ainda o *fax*, que foi uma revolução e facilitou a nossa vida na comunicação com as lojas! Até o Banco Bamerindus, lá de Douradina, usava o nosso *fax*.

O Luiz também implantou o código de barras e, nos tempos de hiperinflação, quando o Brasil era presidido por José Sarney, desenvolveu o "Dólar Gazin", que nos serviu por uns três anos de referência para acompanhar os movimentos inflacionários. Naqueles tempos, a inflação chegava a atingir o patamar de 70% a 80% ao mês.

O Luiz Custódio chegou a comandar uma equipe de uns trinta jovens profissionais. Como não havia espaço para acomodar toda essa gente na nossa central, montamos o escritório dele na casa da minha mãe, mas o servidor ficava na casa do próprio Luiz. Lembro que ele demandava impressão de documentos para durante a madrugada e, por várias vezes, o sistema emperrava, e ele tinha que ir lá destravar. Aliás, depois montou o escritório na casa dele mesmo e levou o time todo para lá.

Aí fomos criando nosso método de trabalho, ampliando a rede, abrindo crédito para a clientela, desenvolvendo produtos, banco etc. E o Luiz sempre à frente de tudo, com seriedade e competência do nosso lado.

Às vezes, sentamo-nos em algum canto e começamos a nos recordar daqueles tempos. E damos muitas risadas: lembramos das viagens, dos apuros nas estradas, das refeições que preparávamos ou das que comíamos nos restaurantes de estrada, das aberturas de lojas, dos banhos nos riachos etc.

Era uma vida simples, mas divertida. E tantos anos depois, meu caro Luiz Custódio, a nossa vida mudou bastante, mas continua a ser simples, mas divertida.

Obrigado, Luiz, você é o reflexo daquilo que chamamos de "Família Gazin"!

CAPÍTULO 3

CONSTRUÇÃO

VOCÊ PODERIA ME AVALIAR?

GOSTO DE TRAZER FATOS do cotidiano e da experiência que tenho vivido para criar parâmetros de discussões com o meu pessoal. São temas que buscam fazer sentido para a nossa vida e carreira.

Certamente você tem percebido e recebido os pedidos para avaliar os serviços que utiliza e os atendimentos que recebe.

Ligou num órgão público, tem que avaliar; no plano de saúde, tem que avaliar; numa operadora de celular, tem que avaliar; numa loja virtual, tem que avaliar; no banco, tem que avaliar; num laboratório de análises clínicas, tem que avaliar... Ligou, tem que avaliar!

Comprou na farmácia, tem que avaliar; numa loja de shopping, tem que avaliar; numa chocolataria, tem que avaliar; comprou um sapato novo, tem que avaliar... Comprou, tem que avaliar! Comprou e passou no guichê de atendimento, tem que avaliar!

Dia desses eu estava na farmácia e fui ao caixa. A moça me disse "Boa tarde" e emendou: "O senhor poderia avaliar o meu atendimento?". E já me deu o aparelho para que eu digitasse uma nota de 0 a 10. Avaliar como, se eu havia acabado de iniciar o atendimento? Mesmo assim, eu dei 10 pelo "Boa tarde" dela. *(risos)*

Esta é a realidade em que vivemos: empresas preocupadas em melhorar o nível de atendimento; colaboradores preocupados em atender bem e ter boa avaliação.

Organizações e funcionários se beneficiam muito quando são aprovados. As companhias criam uma relação mais sadia com os clientes e, ao menos no aspecto do atendimento, passam no teste no quesito experiência do cliente e que ainda envolve outros pontos, como qualidade do produto, logística e prazo de entrega.

Já os colaboradores que são bem avaliados recebem "estrelas" em suas trajetórias na organização, ou seja, possibilidades de promoções e crescimento em suas carreiras, assim como premiações e bonificações.

Na posição de consumidores, não tenhamos dúvidas de que avaliar o atendimento recebido nos dá e agrega uma voz expressiva e ativa em relação aos nossos fornecedores e prestadores de serviços. Inclusive, você já deve ter feito suas avaliações com notas de 1 a 5, onde as gravações ou textos dizem: 1 para totalmente insatisfeito; 2, 3 e 4 para escalonar o grau de satisfação; e 5 para totalmente satisfeito. Em alguns casos, ainda há uma última questão: "De 1 a 5, quanto você indicaria a nossa empresa?".

Isso mostra que as companhias querem e precisam nos ouvir, justamente para melhorar ou elevar ainda mais os atendimentos que recebemos e a nossa experiência como clientes.

A vida tem o seu tempo. O que hoje parece um problema amanhã vira uma oportunidade, uma grande história para contar.

Pode-se dizer que isso é louvável! Mas fica um alerta aos gestores: receber nota 5 e aprimorar o grau de atendimento é resultado de um amplo e aprofundado processo de preparação, treinamentos e qualificações com a equipe.

E as organizações e colaboradores que fizerem suas "lições de casa" poderão então receber com louvor 5 pelo atendimento e 5 no nível de indicação que faremos da companhia!

ESTRADA DO EMPREENDEDOR

O Brasil é um país de empreendedores, e a pandemia incentivou muitas pessoas a iniciarem seus próprios negócios. De acordo com os estudos do Monitor Global de Empreendedorismo (Global Entrepreneurship Monitor - GEM 2024), houve significativo aumento de empreendedores no país nos últimos anos: eram 4 milhões em 2014; em 2023, o número se elevou para mais de 15 milhões.

Ainda dentro da pesquisa, as principais justificativas para a elevação do número de empreendedores no Brasil são: crescimento econômico vivido em determinados ciclos entre 2014 e 2023; políticas de incentivo fiscal e de apoio ao empreendedorismo; aumento do número de microempreendedores individuais (MEIs) e de outras formas de formalização do negócio; e mudanças culturais, como a valorização do ato de empreender e a possibilidade real de alcançar sucesso como empreendedor.

Vale ainda registrar que os microempreendedores absorvem a maior parte da empregabilidade brasileira, mas cinco fecham as portas nos três primeiros anos de atividades.

Ainda conforme outros dados publicados pelo Monitor Global de Empreendedorismo, considerada a maior pesquisa de empreendedorismo do mundo e feita, no Brasil, pelo Sebrae em parceria com a Associação Nacional de Estudos e Pesquisas em Empreendedorismo (Anegepe), em 2024 a taxa de empreendedorismo no Brasil atingiu o maior patamar dos últimos quatro anos, saltando de 31,6% para 33,4%. Isso representa que o país possui 47 milhões de brasileiros envolvidos com um negócio (incluindo os formais e informais).

Com base nesses números, o Brasil subiu duas posições, da oitava para a sexta, no *ranking* de países com a maior taxa de empreendedores estabelecidos, ultrapassando países como Reino Unido, Itália e Estados Unidos, por exemplo.

Pelos apontamentos do estudo, conclui-se ainda que, em 2024, houve elevação da taxa de empreendedorismo total, que reúne também os empreendedores iniciais (com até três anos e meio de atividade), passando de 30,1% para 33,4%. O grupo de entrevistados na coleta de dados envolveu 2 mil adultos e 58 especialistas.

Claro que ainda poderíamos ter muitas políticas públicas como forma de incentivar ainda mais o empreendedorismo, assim como uma prática de juros mais atrativa para investimentos, mas o brasileiro é um guerreiro e busca superar as adversidades em prol do sonho de empreender.

Eu amo o Brasil e o povo brasileiro: sempre alegre, trabalhador, feliz e otimista. Essas são características básicas para se empreender, e fico muito orgulhoso do nosso povo e do nosso país empreendedor.

E garanto: empreender vale a pena!

EMPREENDEDOR SONHA?

A dúvida cabe! Será que empreendedores sonham? Será que eles ficam a imaginar, a divagar sobre o que planejam e querem para o amanhã?

Posso dizer, por mim e por muitos empreendedores com quem convivo e converso, que sim! Todos eles sonham!

Há quem avalie os sonhadores de forma pejorativa: "Sonhadores vivem no mundo da lua"; "Sonhadores passam a vida pensando no amanhã e se esquecem do hoje"; "Sonhadores são perdedores"; "Sonhadores têm os pés no chão, mas a cabeça nas nuvens"; "Sonhadores são…" – e as avaliações depreciativas aos sonhadores continuam.

Claro, há os que realmente sonham e ficam a esperar que as coisas "caiam prontas do céu"! Não é assim que tudo funciona!

As metas e os objetivos nascem de um desejo, de um sonho. Isso vale para os resultados das empresas e os planos de carreira e de vida pessoal.

Entretanto, entre o sonho e a realização dele, há uma grande dose de dedicação, preparação, engajamento, criatividade, resiliência, empatia para comprometer as pessoas... e muito trabalho! Trata-se de uma importante trajetória a ser percorrida.

Sonhar e realizar... Posso dizer que essa é a dinâmica da vida! Vivemos a criar nossos sonhos e a realizá-los!

Por isso, precisamos aprender a melhor forma de criar sonhos. Principalmente, para criar sonhos que possam ser realizados num curto ou médio espaço de tempo, a fim de que isso inspire e motive a continuidade dos atos de sonhar e realizar.

Outro ponto importante: sonhar de modo realista. É preciso, como se costuma dizer, "Sonhar grande", mas de uma maneira que não se torne algo impossível de ser alcançado.

Por exemplo: os integrantes de uma equipe de futebol que está na terceira divisão não podem sonhar e crer que, em dois ou três anos, serão campeões mundiais! Há várias etapas pelo caminho, além de muito trabalho, até que isso possa se tornar realidade. Em primeiro lugar, conseguir se classificar entre os primeiros da competição, para ganhar acesso à segunda divisão. Esse deve ser o primeiro grande sonho! A meta seguinte é manter-se entre os primeiros da temporada e subir novamente, dessa vez para a primeira divisão. E a luta segue: ser campeão nacional, continental e depois disputar e vencer o campeonato mundial!

A trajetória é essa, mas isso não significa que ela será cumprida de uma forma tão natural ou até mesmo lógica assim. Por isso, os sonhos não alcançados podem e devem ser renovados!

Com as empresas e carreiras executivas, é a mesma situação. As metas, os objetivos e os sonhos vão sendo criados e realizados. Uma empresa pequena sonha em ser média e, depois, grande. O colaborador de uma companhia inicia em determinado patamar e cria seus sonhos, sendo promovido a supervisor, gerente, diretor e até presidente.

Na vida pessoal, também ocorre o mesmo. Por exemplo: sentir-se atraído por alguém; sonhar em namorar a pessoa; sonhar em ficar noivo; sonhar em se casar e constituir família; sonhar em ter filhos; sonhar em formar os filhos; sonhar em ter netos; e por aí segue!

Então, vamos continuar a criar os nossos sonhos com bastante convicção e a realizá-los com muita dedicação e empenho.

LÍDER PARTICIPATIVO

A complexidade da escolha de um líder não garante o sucesso da ação! Muitas vezes, percorremos quilômetros e mais quilômetros para encontrar uma solução. Porém, a "chave que abre a porta" está dentro da gaveta da nossa própria mesa, pertinho de nós!

É isso que torna empolgante o ato de decidir algo! Você aprende e fica mais maduro a cada decisão que toma, a cada equipe que lidera, a cada tarefa que conclui. Contudo, uma "receita" de decisão ou liderança não pode ser 100% replicada em diferentes casos. Deve-se partir de uma base, mas é preciso estar atento às mudanças do contexto: uma nova situação, uma troca no perfil das pessoas envolvidas, uma alteração da expectativa de resultado e das chances de sucesso e de fracasso etc.

Bela imagem registrada por Mário Gazin da BR 060, entre o entroncamento da Rodovia 163 e o acesso a Camapuã (MS).

Mário Gazin com o amigo Adriano Ruella.

Mário Gazin circula por trechos complicados do Centro-Oeste e Norte do Brasil, como a Estrada Federal de Bujari (AC).

Mário com o amigo José Roberto Corcine, o Gabira, na região da Patagônia chilena, em 1998.

Mário com o funcionário e amigo de longa data, Jaime de Souza.

Mário com Luiz Custódio (à esq.) e Aparecido Benedito dos Santos, o Cafu.

Mário visita uma das modernas fábricas de colchões da Gazin.

Mário entrega doação para a construção do Uopeccan, em Umuarama (PR), inaugurado em 2016 e que se tornou referência no tratamento oncológico.

Mário em um dos Centros de Distribuição (CDs) do Grupo Gazin.

Mário Gazin autografa sua biografia, que está na terceira edição.

Mário com Gilmar Alves de Oliveira, o Gil, presidente executivo do Grupo Gazin.

Mário orgulha-se da frota de mais de 800 caminhões da Gazin Log.

Mário Gazin com o jovem Murilo Diniz Pereira dos Santos, na época com 10 anos.

Mário e Murilo seis anos depois, com 16 anos de idade.

Os dias de Mário Gazin são sempre repletos de atividades.

Mário no Atacado Gazin, que chegou a empregar mais de 280 vendedores em 2025.

Evento "No Limite" com Mário Gazin.

Algumas das viagens internacionais de Mário, como em Las Vegas (EUA).

Mário em viagem à Coreia do Sul.

Mário na Alemanha, um dos países que mais aprecia visitar.

Mário Gazin em Los Angeles (EUA), em 1998.

Mário na apaixonante Itália, em 2010.

Mário na companhia de outros empresários durante viagem a Osaka, no Japão.

Mário na Espanha, nos anos 2000.

Mário no Universal Studios, um dos fantásticos e divertidos parques temáticos dos Estados Unidos.

Mário Gazin em Glasgow, na Escócia, com os colaboradores Diego Soriani (à esq.), Gabriel Buzinhani, a filha Valéria e Viviane Thomaz (à dir.).

Os livros são uma paixão de Mário Gazin.

Mário com o grupo de colaboradores durante viagem por vários países da América do Sul, em 2025.

O presidente da Associação Comercial do Paraná (ACP), Antonio Gilberto Deggerone, entrega a Mário Gazin a Comenda Barão do Serro Azul.

Momento especial: a filha Valéria fotografa Mário Gazin durante con versa com o Papa Francisco, a quem presenteia com sua biografia.

Quadro elaborado em homenagem ao Papa Francisco, que Mário mantém em seu escritório.

Mário orgulha-se de sua trajetória e da história da Gazin, e se considera "O homem mais feliz da estrada".

A vida é uma estrada com amanhãs inesperados. Por isso, não podemos nos deixar abater por uma derrota, nem permitir que nada, nem ninguém, estabeleça até onde podemos chegar.

Claro que, com o passar do tempo, e à medida que crescemos na nossa trajetória profissional ou adquirimos mais responsabilidades na vida pessoal, o nível das decisões se amplia e complica. Devemos também aprender a tomar decisões complementares e que ajudem nas soluções ou minimizem o nível das dificuldades.

Convivendo com grandes líderes, aprendi a importância de participar de eventos externos e colaborar com entidades e, assim, expandir o ciclo de relacionamentos e criar uma robusta rede de bons contatos. Em determinado momento, o fato de conhecer muita gente de diferentes áreas fará a diferença na sua vida!

Ao agir dessa maneira, além de nos relacionarmos com um grande número de pessoas, apresentamos a elas as nossas capacitações, a nossa empresa e os nossos serviços, e passamos a ter uma ampla visão do mercado: se anda apagado, morno ou aquecido.

Isso ajuda bastante no relacionamento e na interação com a equipe, pois, além de mostrar que você está bem-informado, viabiliza medir a temperatura da atuação do seu time: se o mercado está aquecido e as vendas da empresa, aquém, é hora de motivar e cobrar a turma; se o mercado está morno e as suas vendas, aquecidas, o tempo exige aplausos e elogios à equipe... e, claro, aumentar ainda mais a meta a ser batida.

Particularmente, aprecio o modelo de liderança participativa, em especial nas funções executivas. O fato de ser um modelo participativo abre espaço para que a equipe externe também suas ideias, agregue com a diversidade de olhares e pensamentos sobre as situações, tornando assim o grupo mais sólido, desinibido e unido.

Quando as discussões e até as definições das metas são participativas, há maior motivação e inclusão da equipe para alcançar os melhores resultados. A liderança participativa também provoca nos membros maior autonomia e responsabilidade, além do desenvolvimento das habilidades individuais.

Discutir os temas em equipe, sem perder a liderança e o voto de minerva nos casos extremos, torna as decisões mais fáceis, rápidas e menos custosas. E, claro, mais acertadas!

VOCÊ PRATICA AQUILO QUE PREGA?

Outro dia eu conversava com um amigo de grande sucesso profissional, especialista em motivar, inspirar e gerar negócios com segurança, e fui surpreendido pelo desabafo dele: "Preciso colocar a 'casa' em ordem! Minha empresa vem passando por algumas dificuldades financeiras, e meus funcionários andam desmotivados".

Comecei então a pensar: "Como alguém pode ensinar a administrar um negócio, se nem mesmo a própria empresa ele consegue deixar equilibrada? Como alguém pode motivar e inspirar pessoas, se os próprios funcionários andam cabisbaixos?". E aí surgiu a dúvida: "Será que pratico aquilo que prego?".

É fácil criticar as falcatruas que acontecem no Brasil, a alta carga tributária, o nível de ensino, o baixo nível da segurança e da saúde pública, mas não fazermos a nossa parte para mudar ou melhorar a situação.

É fácil criticar o chefe e, mesmo que de forma inconsciente, tomar atitudes semelhantes perante a empresa e os colegas de trabalho.

É fácil criticar outro motorista nas ruas por ultrapassar pela direita, e mais adiante "copiar a estratégia".

É fácil criticar os corruptos no Brasil e depois dar um "agrado" a alguém que pode criar uma "facilidade" para algo de que precisamos.

É fácil... É fácil... É fácil... É fácil falar; difícil mesmo é agir contrariamente ao discurso polido e correto que costumamos pregar!

Outro dia ouvi uma pessoa "aconselhar" a outra, que lamentava que o filho pequeno, em sua inocência e imaturidade, não queria ir à missa – e, convenhamos, não é fácil manter uma criança quieta e sentada por uma hora ou mais: "Fala para ele que depois da igreja você vai levá-lo ao McDonald's".

Certamente, quem deu o "conselho" vai às missas, jura cumprir os preceitos de Deus e acredito que saiba muito bem discernir o certo do errado. Mas está muito longe de ser alguém apto a dar um conselho!

A opção apresentada foi: 1) criar um facilitador; 2) "corromper" a criança; 3) pagar a "propina" pela missão cumprida com um *fast food*, onde um sanduichinho, algumas batatinhas, um refrigerante e um sorvetinho contêm muitas calorias.

Aqui não cabe nenhuma crítica a determinada religião, tanto que sou católico praticante e foi justamente no final de uma das missas que presenciei a conversa.

Certamente, se cometemos alguns deslizes, estes não são por mal. No entanto, são deslizes que nos obrigam a repensar se efetivamente estamos sendo grandes defensores teóricos daquilo que não conseguimos replicar no dia a dia, seja na nossa vida pessoal ou na profissional.

Fica aqui a reflexão: será que praticamos aquilo que pregamos? Vamos repensar e mudar os nossos hábitos desde já?

É comum falarmos e ouvirmos das pessoas: "Espero que o Brasil seja um país melhor para os meus filhos e netos".

Pois pode ter a certeza de que, se mantivermos a nossa forma de pensar, com distinção entre o certo e o errado, e mudarmos as nossas maneiras de ser e de agir, colocando em prática aquilo que disseminamos, conseguiremos fazer do Brasil um país ainda mais promissor e melhor para os nossos filhos, netos e, também, para nós mesmos!

COMPROMETIMENTO NÃO DEPENDE DE PROFISSÃO

Não existe regra para sermos comprometidos com as causas, entre elas a profissão e a carreira. Em relação a esse tema, foi justamente numa das paradas que fiz com amigos, num dos faróis da cidade de São Paulo, que um fato me chamou a atenção.

Uma mulher sorridente distribuía aqueles panfletos de lançamentos imobiliários, de uma das conhecidas construtoras do país. O amigo que estava dirigindo preferiu negar. Como a moça oferecia o panfleto com gentileza e sorriso no rosto, ele também sorridente e educadamente optou por não aceitar.

Pela simpatia da mulher, nós a seguimos com os olhos. E nas investidas dela nos outros carros, todos recusaram. Ficamos tristes e incomodados. Conversamos e decidimos que, se ela retornasse, pediríamos um material, penalizados com a nossa "crueldade" e a de outros motoristas, que recusaram o material.

Deu certo! Ela manteve o sorriso no rosto e passou a ir em direção ao ponto de partida, onde logo estaria pronta para iniciar novas investidas.

Assim que estava próxima ao carro, o amigo que dirigia a chamou e disse:

— Por favor, você pode me dar um catálogo desses?

Com um sorriso ainda mais largo, mais aberto, ela perguntou:

— Claro! Você tem intenção de investir num imóvel na região?

E com a maior sinceridade do mundo, ele respondeu:

— Não! Não penso nisso! Mas eu quero receber o material para ajudá-la no exercício da sua atividade!

Agora, ela não sorria com o lábio, mas com os olhos e o coração. E ali eu e meu grupo tomamos uma aula de comprometimento, ao ouvir de forma também tão sincera a resposta da mulher:

— Meu amigo... fico extremamente grata por sua atitude. Mas não darei a você o catálogo apenas para que me ajude. Eu agradeço de coração, mas vamos guardar esse material para alguém que realmente fará o melhor uso dele. É um produto caro, de qualidade, e a construtora investiu um bom dinheiro.

Uau! Que maravilha! Ficamos encantados ao receber aquele "não"! Ali estava alguém que zelava pela empresa contratante, que respeitava o dinheiro por ela investido, que não admite desperdício. Alguém cujo comprometimento entende que é melhor receber um "não" sincero do que um "sim" falso!

Valorizei ainda mais a atitude porque se tratava de uma prestadora de serviço, alguém que não tem vínculo empregatício com a empresa, mas que a defende com unhas, dentes, garras... e sorrisos!

Encontrar quem defende a empresa com tanta disposição, assim como respeita e não se abate com o desinteresse e a negativa dos clientes, desperta atenção! Bom seria se essa fosse a regra!

APRENDIZAGEM BASEADA EM PROBLEMAS (ABP)

Qual é o maior aprendizado que temos ao cometer um erro? Certamente, é aprender com a situação e até transformar aquele erro em oportunidade!

Pois bem... para quem cometeu vários erros na trajetória e deles conseguiu tirar boas lições, existe um rico material para adaptá-los e trabalhá-lhos dentro da metodologia de aprendizagem baseada em problemas (ABP) – em inglês, *Problem-Based Learning* ou *Project-Based Learning* (PBL).

Esse tipo de discussão vem sendo utilizado por grupos acadêmicos para aprofundados debates de casos interdisciplinares e surgiu como método educativo entre o final da década de 1960 e o início da década de 1970 na Faculdade de Medicina da Universidade de McMaster, no Canadá, e depois na Universidade de Maastricht, nos Países Baixos.

O processo envolve algumas etapas: formulação, discussão e resolução do problema. Embora tenha começado nas salas de estudos de Medicina, depois se estendeu para as de Arquitetura, Direito, Engenharia, Negócios etc.

Os debates mesclam prática com teoria e ciência, em busca de análises e soluções baseadas em diferentes habilidades, conhecimentos e capacitações. Um método transformador!

No grupo dos efeitos favoráveis estão as buscas contínuas pela excelência, pela evolução de conceitos, para se destacar diante da competitividade dos mercados, para inovar, debater e analisar o que já aconteceu e encontrar novos caminhos e soluções adaptados aos respectivos momentos.

Digamos que tornar os processos mais inteligentes e interessantes forçou aqueles que querem transmitir o conhecimento e integrar equipes a "aprender a aprender", a prover o "saber com sabor"!

Certamente, a ABP é uma excelente metodologia para ultrapassar as "fronteiras" das universidades, "invadindo" empresas, residências, grupos de conversas, congressos e salas de discussões etc. Uma importante "ferramenta" a ser utilizada não só por professores, mas também por pais, líderes de grupos e empresas, entre outros, para compartilhar suas experiências e provocar a reflexão e o pensamento crítico nas pessoas.

Na vida, nunca olhe para trás, nunca remoa o passado.

A metodologia incita os grupos para que os participantes estejam mais motivados, interajam e conheçam temas distintos, aprendam alguns assuntos que não dominam, desenvolvam o senso crítico e estimulem o trabalho em equipe.

A ABP desperta ainda habilidades como poder de análise, julgamento, justificativa, previsão de resultados e argumentação. Isso torna os integrantes mais proativos nas resoluções de situações ou problemas.

Para tanto, destaca-se a capacidade do tutor, intermediador ou líder das discussões, que tem por missão provocar questões para serem debatidas, multiplicando e inter-relacionando os conhecimentos.

O sucesso da mediação desperta também no grupo fatores de desinibição, determinação, independência, senso de responsabilidade, capacidade de comunicação e de organização.

Portanto, um problema pode se tornar uma boa oportunidade de aprender, redirecionar rotas, despertar qualidades e unir e aproximar pessoas! Um bom caminho para isso é aplicar a ABP em nossos grupos, recorrendo a tutores ou assumindo o papel de mediar discussões e encontrar soluções coletivas!

Encerro então com uma frase que usamos bastante na Gazin: "Sozinho se vai mais rápido, mas junto se chega mais longe!".

UM EMPURRÃOZINHO...

Em 2020, foi organizada uma carreata no município de Douradina, na qual caminhões e caminhonetes transitavam pela cidade com bandas de música ou pessoas fazendo pronunciamentos e dando seus recados.

“Contudo, seja qual for o grau a que chegamos, o que importa é prosseguir decididamente.”

Filipenses 3:16

Em um desses carros, observei um garoto de uns 10 anos trajando terninho e gravata, falando com muita propriedade e um português perfeito sobre Deus, espiritualidade e as coisas da vida. Era o Murilo Diniz Pereira dos Santos.

Aquilo me chamou a atenção. Conquistou-me. Provavelmente porque, de alguma forma, eu me vi naquele menino: cheio de energia, de esperança, pronto para enfrentar a vida e tirar dela o melhor proveito.

A diferença é que aquele parecia um menino estudado, enquanto eu, com 10 ou 11 anos, me dividia entre ser sapateiro, garçom e padeiro, e abri mão dos estudos.

Assim que acabaram as atividades, fui apresentado ao garoto e à sua família. Realmente, muito diferenciados. Eram do Ceará e haviam se mudado para Douradina, no Paraná, onde morava uma tia paterna do menino. Percebi serem pessoas simples, mas de caráter. Gostei tanto do moleque que me tornei mentor dele, orientando e direcionando os seus caminhos.

Continuamos a manter contato, e, certa vez perguntei a ele: "Qual é o seu sonho profissional para o futuro? Qual profissão você pretende seguir?". E a resposta foi: "Quero ser juiz". Ainda perguntei: "Juiz de futebol?". Ele riu e disse: "Não, seu Mário. Quero me formar em Direito e ser um juiz estadual ou federal, mas também criar projetos sociais".

Voltei a perguntar: "Quanto ganha um juiz?". Ele tinha a resposta na ponta da língua: "De acordo com a atuação, entre R$ 30 mil e R$ 39 mil". Gostei tanto do que ouvi que banquei para ele: "Vou pagar a sua faculdade e os seus estudos!".

Não só o Murilo, mas todo garoto de valor merece uma boa oportunidade.

Ele agora está no caminho de concluir o terceiro ano do Ensino Médio e logo poderá entrar na faculdade. E a minha promessa está mantida; aliás, em 2025, com meus próprios recursos formei 49 profissionais das mais variadas áreas.

Desde os 16 anos o Murilo já está registrado e trabalha conosco, no departamento de marketing do Grupo. Ele já nos acompanhou em algumas viagens e, acredite, palestrou em certos eventos – inclusive no Varejo Experience Brasil, o VEX, que organizamos em Foz do Iguaçu, para mais de 3.500 pessoas.

Existem muitos "Mários" e "Murilos" por aí, com bastante talento e grandes sonhos. Então, se você se deparar com um deles, não se acanhe em ajudar e oferecer uma boa oportunidade de crescimento pessoal e profissional.

A SOLUÇÃO!

Todo problema precisa ter uma solução! Isso é realmente um fato! Mas tenha sempre em mente: a melhor solução está sujeita a uma vasta análise de toda a situação. Cabe ressaltar, porém, que a melhor solução muitas vezes se confunde com a ideal, a possível ou a aceitável para o momento.

Vejamos o caso do futebol, com seus excelentes protótipos sobre liderança, trabalho em equipe, engajamento, busca por resultados, entre outros.

O objetivo do time era a contratação de determinado jogador ou técnico; mas, como o valor pedido era muito alto, decidiu-se então por outro profissional com características semelhantes e que atendesse à realidade financeira do clube.

O esquema tático para enfrentar o adversário seguinte seria mais ofensivo; mas, como dois jogadores do ataque se machucaram, a solução foi escalar mais jogadores de meio-campo, tornando o futebol da equipe mais técnico e cadenciado, arriscando em jogadas trabalhadas e chutes de longa distância, e menos em contra-ataques rápidos.

Sempre que joga em casa, o time é mais ofensivo; mas, como é uma partida da fase eliminatória e o empate favorece, a solução encontrada foi tornar a equipe mais defensiva, dificultando a troca de passes do adversário.

Ou seja, seriam exemplos e mais exemplos que mostram que cada problema requer um tipo de solução; que cada solução, muitas vezes, pode não ser exatamente aquela que se gostaria, mas sim a que melhor favorece dentro das condições apresentadas.

Saindo do esporte para o mundo corporativo, ou mesmo para a vida pessoal, as situações e análises se repetem. As decisões ficam sujeitas às condições financeiras, estruturais, logísticas, estratégicas, emocionais, da personalidade de cada um, do perfil da equipe… e éticas!

Sim, a ética pesa na escolha do melhor caminho! Porque, para não ferir a ética, a solução encontrada pode ser a mais onerosa, a mais lenta ou até a menos eficaz!

As empresas, mesmo algumas que cometeram certos deslizes no passado, têm realmente buscado agir pautadas por ações éticas e que não ferem a moral e a integridade de suas trajetórias.

De uns anos para cá, surgiu o conceito de *compliance*. Proveniente do verbo "*to comply*", em inglês, o termo significa agir de acordo com uma regra, uma instrução interna, um comando ou um pedido.

No âmbito institucional e corporativo, *compliance* é o conjunto de disciplinas voltadas a cumprir as normas legais e regulamentares, as políticas e as diretrizes estabelecidas para o negócio e para as atividades da instituição ou empresa, bem como evitar, detectar e tratar quaisquer desvios ou inconformidades que possam ocorrer.

Ou seja: ele determina que as organizações e seus dirigentes pautem suas ações direcionados pelas questões legais e morais. Buscar soluções íntegras e humanizadas em questões internas e externas que envolvam a companhia.

Certamente, empresas que agem dessa forma criam respeitabilidade, alicerces sólidos e líderes transformadores; atraem e retêm talentos; e despertam e desenvolvem admiração no mercado.

Claro, são as empresas que levam a "fama" por respeitarem ou desrespeitarem as regras, de agir e de encontrar soluções dentro daquilo que se determina em *compliance*.

E com o conceito de *Environmental, social and corporate governance* (ESG) – em português, Ambiental, Social e Governança (ASG) – acontece o mesmo! ESG e *compliance* estão diretamente ligados e fundamentados em ações e comportamentos de pessoas!

Por isso, não nos deixemos iludir! As empresas não passam de uma razão social e de um CNPJ! Quem pensa, toma decisões e define as ações por elas são as pessoas! São os gestores da companhia!

Sendo assim, é preciso alinhar as metas das empresas e os objetivos dos administradores com as boas práticas que a sociedade e o mercado esperam. Quando isso não acontece, a culpa e a responsabilidade não podem recair sobre os CNPJs, mas sim sobre alguns CPFs!

MUDAM-SE AS PALAVRAS, MAS MANTÊM-SE E AMPLIAM-SE OS SENTIDOS

Palavras… elas mudam, mas os sentidos permanecem os mesmos!

Entre tantos exemplos possíveis de serem aqui apresentados, optei por resgatar a "empatia", cuja origem vem do grego *empatheia*, que significa paixão. A empatia, até então levada para o lado da "simpatia", do grande envolvimento e da identificação instantânea, manteve seus conceitos originais e hoje expressa uma porção de significados e sentidos comportamentais. A empatia serve de exemplo e tem mão dupla: como nos comportamos com as pessoas, e vice-versa!

Nos tempos atuais, os holofotes estão ainda mais voltados para a empatia. O que é ser empático? O que significa receber empatia alheia? O que representa ser empático com o próximo?

Nos dicionários, empatia é definida como "a capacidade psicológica de sentir exatamente o que sentiria outra pessoa, caso estivesse na mesma situação vivenciada por ela. É tentar compreender sentimentos e emoções, procurando experimentar e perceber como uma ação impacta o outro indivíduo".

Quando a pessoa tem empatia, é capaz de entender as demais e se colocar no lugar delas, em diferentes situações, das mais simples às mais complexas, como nos casos de racismo, homofobia, etarismo etc.

Assisti a uma entrevista do jornalista e escritor Laurentino Gomes, autor de importantes trilogias, entre elas *Escravidão*. Ele foi questionado sobre o fato de que, na grande maioria das vezes, o racismo acaba sendo abordado e analisado por pessoas brancas, que precisam de um enorme exercício empático para tentar entender o completo e complexo sentimento de ser vítima de preconceito.

Laurentino contou umas das passagens da produção do segundo volume de *Escravidão*, onde visitou uma propriedade na qual no sótão os escravos negros eram colocado trancados e acorrentados no escuro. Ele pediu para ser colocado nas mesmas condições, situação que o fez ao menos tentar imaginar o quão sórdida, daninha e depressiva pode ser a exclusão pela cor. E ali, trancado e acorrentado no escuro, Laurentino caiu num choro doído e angustiado!

O racismo vem sendo duramente combatido e tem despertado ainda mais a empatia nas pessoas.

Também por meio da empatia, as pessoas se ajudam mutuamente. Um conceito altruísta, no qual se registra respeito e interesse pelo próximo e em ajudá-lo. Negar-se a tal ato leva ao antônimo da empatia, ou seja, à indiferença àquilo que o outro sofre.

Quantas vezes você já teve que pedir uma informação a alguém e foi tratado com desdém, má vontade ou de forma rude? Certamente, e infelizmente, isso já aconteceu.

Em contrapartida, será que em alguns momentos também não tomamos o mesmo tipo de atitude, pelo fato de não termos nos colocado no lugar do próximo e sentido a "dor" alheia?

As modalidades esportivas, em especial as olímpicas, são um belo exemplo de atitudes empáticas. Cumprimentar os vencedores e solidarizar-se com os últimos colocados; reconhecer que determinada vitória foi injusta; acusar um erro de arbitragem em favor do oponente, para não prejudicar o adversário.

Segundo os psicólogos norte-americanos Paul Ekman e Daniel Goleman, a empatia se divide em:

- Empatia emocional: quando conseguimos sentir e compartilhar aquilo que o outro sente, colocando-nos no lugar dele.
- Empatia cognitiva: caracterizada por se comunicar melhor e entender o pensamento do outro e a razão desses pensamentos e sentimentos.
- Empatia compassiva: ultrapassa o sentir ou acolher o pensamento alheio e faz com que a pessoa empática ajude o outro efetivamente.

Para encerrar, destaco uma situação que certamente nenhum de nós gostaria de ter vivido: a da pandemia. Ela acirrou a necessidade de empatia entre as pessoas e de pensar e se colocar no espaço do outro; imaginar-se tendo o mesmo problema e buscando a mesma solução.

Então, que fatos positivos, como a empatia, tenham vindo com força para ficar e tornar as pessoas mais solícitas, amorosas, prestativas, companheiras… e menos egoístas!

A GENTE SE ACOSTUMA...

Recentemente eu conversava com um amigo que disse uma frase que me tocou bastante: "A gente se acostuma com tudo na vida: com o que é bom, mas também com aquilo que é ruim para nós".

Pois essa é a mais pura verdade, e a reflexão tem tudo a ver com os dias que vivemos! Em relação àquilo que é bom, talvez seja mais fácil e prazeroso de exemplificar: viajar; curtir o lazer; se exercitar; apreciar um bom vinho, uma boa comida; receber uma promoção; fechar um bom contrato ou venda; curtir uma conversa agradável; alcançar grandes conquistas na carreira; qualificar-se por meio dos estudos; ter uma vida familiar em harmonia, bons amigos; ler obras qualificadas; e por aí vai!

Quanto mais apreciamos e aproveitamos as boas oportunidades que a vida oferece, mais queremos mantê-las, ampliá-las e estendê-las a quem é próximo de nós! Procuramos compartilhar essas boas oportunidades com as pessoas de quem gostamos e com quem convivemos. Essa é a lei natural da vida, e não há nada de ambicioso ou daninho nisso.

Os grandes empreendedores que conheço se realizam ao saberem que seus colaboradores, amigos e pares de empresa realizam viagens interessantes, compram seus imóveis residenciais e de veraneio, proporcionam boas escolas e universidades aos seus filhos... são realizados pessoal e profissionalmente.

Mas aí entramos nos exemplos reversos, na antítese daquilo que é bom e nos faz feliz. Certas pessoas também se acostumam com as atitudes, posturas e situações adversas da vida: não se exercitar; não cultivar uma boa leitura; não investir no ensino e na cultura; não ter um tranquilo convívio familiar; ser egoísta e não compartilhar as informações com as pessoas; desprezar os momentos de lazer etc.

Quanto menos apreciamos as boas oportunidades da vida, menos queremos buscá-las e mantê-las, ampliá-las e estendê-las a quem é próximo de nós! Menos queremos compartilhar essas boas oportunidades com as pessoas de quem gostamos e com quem convivemos. Essa, infelizmente, é a lei de vida mesquinha, nefasta, de hábitos nocivos!

Se a pessoa fuma e bebe em excesso, e ainda não pratica uma atividade física, certamente não há ganho em nenhum desses fatores, apenas perdas: de tempo, dinheiro e saúde.

Tudo que foi colocado até aqui nos remete a perceber que a busca pelo equilíbrio pode ser considerada como o trajeto ideal. São as leis da compensação da vida: se trabalhamos demais, precisamos de um tempo de descanso; se abusamos da comida, é preciso compensar com alguns dias de alimentos mais saudáveis; e assim por diante.

São situações que talvez não percebamos nos dias atuais, mas que, na "contabilidade de vida", uma hora a conta fecha com "lucro", sem "ganhos ou perdas", ou com "prejuízo"!

Pode acreditar nisto: todos nós pagamos o preço da idade! Esse preço pode ser muito caro ou barato, de acordo com os hábitos e costumes que cultivamos.

"Na estrada da vida, a importância não está no destino, mas na jornada."

Ralph Waldo Emerson

Com tudo isso, observamos que nada acontece por acaso, e sim por descaso! Ou seja: se regar e adubar a planta, ela cresce e frutifica; se não regar e adubar, ela seca e morre!

São os nossos atos que determinam os resultados positivos ou negativos que alcançamos. Não há como culpar ninguém por eles, a não ser a nós mesmos!

Mas... calma, nem tudo está perdido! Há um mundo a ser explorado além da montanha!

Aos que já aproveitam e se acostumaram com as situações positivas que a vida oferece, indico que sejam cada vez mais seletivos e solidários. Que apreciem e valorizem cada uma dessas conquistas e busquem compartilhá-las com as pessoas; e uma excelente forma de fazer isso é gerar oportunidades e riqueza para o próximo!

Já àqueles cujas posturas estão entre os exemplos reversos e fora dessa relação, sugiro que comecem a se desacostumar do modo de "vida" que cultivam: desacostumem-se de não praticar esportes; de não ler; de não se qualificar; de não ter uma vida familiar harmoniosa; de não ser solidário etc.

Certamente, como todo processo de mudança, no início pode parecer difícil, estranho. Mas garanto que, em pouco tempo, você chegará à seguinte conclusão: "Isso, sim, que é vida... e não aquela que eu pensava que vivia!".

Saúde! Viva a vida!

COMENDA BARÃO DO SERRO AZUL

Entre tantas homenagens e premiações que a Gazin e eu recebemos na estrada da vida, registro uma em especial que me foi concedida em agosto de 2025: a Comenda Barão do Serro Azul.

O evento aconteceu na sede da ACP, em Curitiba, onde no início da década de 1970, mesmo com condições financeiras escassas, eu participava de cursos. A honraria, considerada a mais alta da entidade, é concedida a personalidades que cultuam os princípios e valores democráticos e republicanos de Ildefonso Pereira Correia, fundador da ACP, assim como àqueles que contribuem com a sociedade como um todo.

O local da premiação estava lotado e, além dos meus filhos amados e de tanta gente da Gazin, havia pessoas com história de vida importante, o que foi motivo de grande alegria e satisfação para mim.

A cada discurso em que eu era citado, mais emocionado eu ficava.

Um dos mais entusiasmados com as palavras foi o Antônio Gilberto Deggerone, presidente da ACP. Além de ele me sensibilizar, conversamos bastante e relembramos os velhos tempos em que ele ia a Douradina oferecer geladeiras que funcionavam a gás ou querosene. Quando eu fechava pedido e comprava quatro peças, nós dois ficávamos muito felizes e comemorávamos bastante. E muitos anos depois, lá estávamos nós dois juntos novamente, dessa vez num momento tão especial.

Os pronunciamentos tiveram continuidade com as palavras do presidente da Ordem dos Advogados do Brasil no Paraná (OAB-PR), Luiz Fernando Casagrande Pereira, do presidente da Junta Comercial do Paraná (Jucepar), Marcos Rigoni, entre outros.

Na minha vez de me pronunciar, eu realcei que uma história não se constrói sozinho e agradeci a cada um dos nossos colaboradores que nos ajudaram e ajudam a fortalecer a Gazin. Finalizei dizendo:

> *Este reconhecimento não é apenas meu, mas de todos aqueles que acreditaram no nosso trabalho, que ajudaram a construir essa história e que, juntos, deixaram marcas e pegadas para que outros pudessem trilhar caminhos com mais tranquilidade. Nunca foi um trajeto fácil, mas sempre acreditei na perseverança, na fé e na esperança de que o futuro poderia ser melhor. Se hoje celebramos conquistas, é porque o povo brasileiro tem se preparado, se aperfeiçoado e mostrado sua força.*

Foram palavras sinceras, tiradas do coração e que expressam o meu sentimento e o que eu penso.

A Comenda Barão do Serro Azul é uma homenagem que guardo com imenso carinho e que, inclusive, já foi entregue a muita gente de destaque do Paraná. Além de mim (2025), receberam Jaime Lerner (2013), João Elísio Ferraz de Campos (2014), Sérgio Moro (2015), Aníbal Tacla (2016), Luiz Edson Facchin (2017), Ratinho (2018), Rafael Greca (2019), Maurício Appel (2020), Darci Piana (2021), Ratinho Junior (2022), Leopoldo Senff (2023), Leonardo Petrelli (2024), entre tantos outros.

ESTRADA DA VIDA

Por que eu sou o homem mais feliz da estrada? Porque eu vivi cada trecho dela intensamente. Eu aprendi, me diverti, tive medo, errei, passei apuros, trabalhei bastante, realizei meus sonhos e ajudei muita gente a realizar os próprios sonhos também. Tudo que nós vivemos naturalmente na estrada da vida.

Conheci tantas pessoas! Algumas me acompanham até hoje; outras deixaram saudades, trouxeram alívio, seguiram diferentes caminhos por não compactuarem dos mesmos valores.

Percorrer a estrada da vida é como seguir por passagens que formam a nossa própria existência: infância, adolescência, fase adulta e velhice. Em cada uma dessas etapas, fatos marcantes provocam grandes transformações. Quer um exemplo? Ser pai! A paternidade é uma bênção de Deus.

À medida que o tempo avança, o nível e a amplitude das conquistas e dos problemas mudam de patamar. Uma dificuldade que vivemos quando a Gazin tinha dez, quinze ou vinte lojas é bem diferente da que enfrentamos nos tempos atuais, com em torno de 380 lojas.

E os sentimentos? Amor, tristeza, paixão, decepção, alegria, traição, ciúme, dor... Em cada um deles, as emoções oscilam e exigem uma postura diferente. Mas, ao enfrentarmos tudo isso ao lado de Deus, com Ele no nosso coração, o "peso" fica mais leve.

Há uma música de que eu gosto bastante, pois a letra traz muito daquilo em que acredito e pratico. Chama-se "Meu coração mandou", de Zezé Di Camargo e Luciano:

Toda estrada tem espinhos, pedras no caminho

Mas mesmo assim eu vou... meu coração mandou
Pode ser que assim, sozinho
Cruze o meu caminho um anjo protetor, meu verdadeiro amor...
Quero alguém que seja do jeito que eu sou:
com olhos de menino, um sonhador...

O meu amor não pode ser uma paixão
Tem que nascer, crescer, brotar com emoção
E ter nos olhos, corpo, alma e coração
Tem que ser forte pra vencer a solidão
Alguém que possa me mostrar a direção
O meu amor não pode ser uma ilusão.

Quero alguém que seja do jeito que eu sou:
com olhos de menino, um sonhador...

O meu amor não pode ser uma paixão
Tem que nascer, crescer, brotar com emoção
E ter nos olhos, corpo, alma e coração
Tem que ser forte pra vencer a solidão
Alguém que possa me mostrar a direção

O meu amor não pode ser uma ilusão.
O meu amor não pode ser uma ilusão.
O meu amor não pode ser uma ilusão.

A vida... ela é feita para ser vivida de forma intensa, deixando marcas, transformações, realizações e, como sempre gosto de dizer, gerando valor e riqueza. Viver é deixar marcas!

Infelizmente, há quem passe por este mundo sem deixar rastro. Outros, para piorar, escolhem "atalhos" que encurtam e tornam a vida perigosa.

Não tenha medo de seguir em frente. Muitos temem o amanhã. Pois é justamente no amanhã que está a realização das nossas metas e dos nossos objetivos e sonhos. Conforme Paulo disse em Filipenses 3:16: "Contudo, seja qual for o grau a que chegamos, o que importa é prosseguir decididamente".

Mas computo a escolha da estrada que você quer percorrer como "vontade de viver". Ter vontade de viver cada passagem ao seu tempo: passado, presente e futuro.

MENSAGEM FINAL

NA VIDA, NUNCA OLHE PARA TRÁS, nunca remoa o passado. Gosto muito desta frase: "Leve é quem caminha a estrada da vida deixando para trás o peso do passado" (Rosa de Avalon).

Seria como estar na estrada e olhar para o retrovisor por questões de segurança. O passado serve de base de aprendizado, de experiência. Errou no passado? É natural, pois errar faz parte do nosso processo de aprendizado e crescimento. Então, cometa novos erros, mas nunca os mesmos.

Olhe sempre preferencialmente no para-brisa, em frente, e vá em busca daquilo que você ainda não viveu. O tempo passado não volta, serve de escola; tire o melhor proveito disso. O tempo não para e, igualmente, tire o melhor proveito daquilo que está por vir.

Fiquei doente em 2025, e isso me deixou bastante reflexivo. Pela primeira vez vi realmente a minha vida em risco. Foram alguns dias internado.

O que de mais importante uma situação como essa pode deixar? Em primeiro lugar, o amor a Deus. Fiz muitas orações e pedi a Deus para que pudesse me curar, pois ainda tenho muito a fazer por aqui. Ele atendeu às minhas preces.

Depois, como citei, há toda uma reflexão que o risco de morte causa. Entendi que preciso cuidar melhor da minha "máquina" – do meu corpo e da minha saúde. Tanto que, desde julho de 2025, passei a reduzir ou a cortar algumas atividades que me causam grande desgaste físico.

Temos que saber a hora de entrar, mas também a de sair; temos que saber a hora de começar, mas também a de parar.

Eu "bati" a ideia de empreender por várias vezes até entrar na minha mente. Tornou-se um objetivo, mas quem não fizer dessa forma, talvez não queira seguir esse tipo de estrada.

Como eu não queria estudar quando garoto, minha estrada era trabalhar e o sonho, empreender. Como diz o ditado: "Quando a água começa a bater na bunda, ou você morre afogado ou sai nadando". E o meu "sair nadando" foi empreender e trabalhar muito.

Nessa reflexão, pensei bastante sobre o tema e convido você a resgatar comigo um pouco da história que transformou a Gazin na locomotiva que é hoje. Assim como uma locomotiva precisa de trilhos fortes, nossa trajetória sempre contou com pessoas dispostas a se engajar, liderar e abrir caminhos.

Nosso início aconteceu em 1966, quando comprei a loja de móveis do meu ex-patrão e abri a Gazin. São sessenta anos de muito trabalho, investimentos, comprometimento, estudos, viagens em busca de abrir filiais e adquirir conhecimento, superação, determinação e fé!

Assim, criamos uma rede de varejo respeitada e com cerca de 380 lojas distribuídas por Mato Grosso do Sul, Mato Grosso, Rondônia, Acre, Goiás, Amazonas, Tocantins, Pará e uma filial em Douradina, no Paraná, além de diversos Centros de Distribuição (CDs) e unidades fabris de colchões e molas.

Atuamos também com banco digital e serviços, como consórcio e seguro, e um dos nossos desafios é cada vez mais integrar todas essas áreas, gerando valor e tendo agilidade e assertividade nas nossas tomadas de decisões.

Na sua estrada, mantenha-se atento. Quando as dúvidas ou os questionamentos surgirem, sempre procure pessoas bem-preparadas, experientes, e que já tenham percorrido os mesmos trechos, para ajudar nas suas escolhas. Mas não se esqueça: apesar dos bons aconselhamentos, a decisão é sua! Os ônus e os bônus da sua decisão também são seus!

Foi isso que eu fiz: desbravei o Brasil e o mundo em busca de conhecer pessoas bem-preparadas e que cultuam valores, e absorver boas informações. Quando você tem um propósito na vida, sacrifícios passam a ter sentido.

Na estrada da vida, cada um adota a sua trilha. Nem mesmo quem está ao nosso lado, seguindo no mesmo trajeto, consegue percorrê-lo nas mesmas condições e velocidades. A vida é um caminho, literalmente, do eu sozinho.

Há uma frase de Arthur Schopenhauer (1788–1860), filósofo alemão, que diz: “Deus dá as cartas, nós jogamos”. Conceitualmente, a frase significa que não existe essa história de “é o destino”, pois não controlamos ou temos acesso prévio às cartas que recebemos na vida – riqueza ou pobreza, saúde ou doença, alegria ou tristeza, mais inteligência ou limitação cognitiva etc.

De todo modo, o resultado do jogo não é definido por isso. O que realmente importa é como jogamos. Mesmo com uma mão de cartas, o entusiasmo, a estratégia e a resiliência permitem virar o jogo. Por outro lado, até uma mão perfeita pode ser desperdiçada sem foco ou visão de jogo.

A lição é clara: não é o que você recebe que conta, mas o que você faz com isso. O "destino" apenas distribui as cartas, mas o jogo é todo seu. Então, crie diferenciais e olhe a estrada pelo seu ponto de vista.

A vida é uma estrada construída por seus sonhos. O nosso concorrente é grande, mas nós da Gazin somos gigantes!

E aqui cabe aquele famoso trecho do monólogo de *Hamlet*, peça de William Shakespeare: "Ser ou não ser, eis a questão".

Você quer ou não quer ser? É uma pura questão de escolha, de livre-arbítrio. Se a decisão for "quero ser", prepare-se para entrar com garra e de corpo e alma nessa luta.

Tenha isto em mente: "O plantio é opcional, mas a colheita é obrigatória!". Se você decidir colocar a semente na terra, adube-a, regue-a e colha os frutos. Mas não se esqueça: a melhor forma de avaliar o seu resultado não é simplesmente pelo que você colhe, mas sim por quanto você planta. Plantou muito, colhe muito; plantou pouco, colhe pouco.

Aquela primeira semente que plantamos em 1966, e a forma como cuidamos da nossa "plantação", nos tornou um dos principais grupos empresariais do Brasil. Isso nos traz grande prestígio, mas também inúmeras e significativas responsabilidades.

Filhos, a gente erra, tropeça, titubeia… mas aprende que cada fase tem o seu valor. A vida tem o seu tempo. O que hoje

Encerro então com uma frase que usamos bastante na Gazin: "Sozinho se vai mais rápido, mas junto se chega mais longe!".

parece um problema amanhã vira uma oportunidade, uma grande história para contar.

Com o tempo, a gente aprende que tudo tem a sua hora. Se eu pudesse, diria para o meu eu mais jovem: "Calma, menino... nem tudo precisa acontecer agora".

A vida é uma estrada com amanhãs inesperados. Por isso, não podemos nos deixar abater por uma derrota, nem permitir que nada, nem ninguém, estabeleça até onde podemos chegar.

Mais do que o sucesso, celebre os pequenos passos e as grandes atitudes que construíram o seu caminho. São eles que contam a sua história.

Que Deus abençoe e proteja todos nós!

MÁRIO GAZIN

ALGUMAS DAS OBRAS DE ELIAS AWAD

- *A história do menino pobre que mudou uma região e fundou um dos principais grupos empresariais e redes de varejo do Brasil* Biografia de Mário Gazin, fundador do Grupo Gazin (3ª edição).

- *Viver e deixar viver* – Biografia de Samuel Klein, fundador da Casas Bahia (8ª edição).

- *Uma história de ouro* – Biografia de Valdinei Mauro de Souza, o "Ney Garimpeiro", fundador e presidente da Fomentas Mining Company, e um dos principais mineradores de ouro do Brasil; livro traduzido para o idioma inglês.

- *Emilio Kallas* – Biografia do fundador do Grupo Kallas, um dos principais do setor de construção e incorporação imobiliária do Brasil.

- *José Aroldo Gallassini: uma visão compartilhada* – Biografia do presidente da Coamo, principal cooperativa agrícola da América Latina (3ª edição).

- *14 motivos para viver, vencer e ser feliz* – Trajetória de Oscar Schmidt, maior ídolo do basquete brasileiro (2ª edição).

- *Cultura organizacional* – Livro sobre cultura organizacional das empresas e o *case* do Grupo Gazin.

- *Negócios & música* – Biografia de Celso Ricardo de Moraes, presidente do Conselho do Grupo CRM (Kopenhagen, Lindt Brasil e Chocolates Brasil Cacau).

• *Sucessão: decisiva e necessária* – *Case* de sucessão de empresa familiar do Grupo Gazin.

• *A roda gigante da vida* – Livro de ensinamentos sobre o legado do empresário Mário Gazin.

• *Ensina-me a ensinar / Ensina-me a aprender* – *Box* com dois livros sobre a trajetória de Affonso Brandão Hennel, fundador da SEMP Toshiba e da TCL SEMP; livro traduzido para o idioma chinês.

• *Sucesso em palavras* – dezesseis biografias de alguns dos principais empreendedores do Brasil, como Chieko Aoki, Viviane Senna, Sônia Hess, Alberto Saraiva, Washington Olivetto e João Carlos Martins.

• *Mr. Fisk* – Biografia de Richard Hugh Fisk (Fundação Richard Hugh Fisk); livro traduzido para o idioma inglês.

• *Nunca é tarde para realizar* – Biografia de Vicencio Paludo, fundador da Vipal Holding; livro traduzido para os idiomas inglês e espanhol.

• *Julio Simões* – Biografia do fundador da JSL Logística/SIMPAR; livro traduzido para o idioma inglês.

• *Armindo Dias* – Biografia do fundador do Grupo Arcel e da rede de hotéis Royal Palm Plaza.

• *João Uchôa* – Biografia do fundador da Universidade Estácio de Sá.

• *Sorte, Peito e Jeito* – Biografia de Sidney Tunda, fundador do Grupo Uniar, principal empresa de vendas de ar-condicionado da América Latina – Poloar e STR.

• *Fazer o que ama, amar o que faz* – Livro de textos e reflexões de Elias Awad.

• *Nas asas de um sonho* – Biografia de Roberto Vascon.

• *A indústria do sucesso* – Biografia de Domingos Rigoni, fundador da Movelar.

(Livros lançados pela Novo Século Editora)

Contatos

eliasawad@eliasawad.com.br
palestras@eliasawad.com.br

Site

www.eliasawad.com.br

Programa Biografias

www.youtube.com/eliasawad

grupo novo século

Compartilhando propósitos e conectando pessoas.
Visite nosso site e fique por dentro dos nossos lançamentos:
www.gruponovoseculo.com.br

facebook/novoseculoeditora
@novoseculoeditora
@NovoSeculo
novo século editora

gruponovoseculo
.com.br

FONTE: MINION PRO 12,5/18,5
NEUTRA TEXT